LA EVOLUCIÓN IDEALÓGICA DEL TEATRO DE JOSÉ TRIANA

Una Contextualización de la Identidad Nacional Cubana

Kristin E. Shoaf

University Press of America, Inc.
Lanham • New York • Oxford

Copyright © 2002 by
University Press of America,® Inc.
4720 Boston Way
Lanham, Maryland 20706
UPA Acquisitions Department (301) 459-3366

12 Hid's Copse Rd.
Cumnor Hill, Oxford OX2 9JJ

Library of Congress Cataloging-in-Publication Data

Shoaf, Kristin E.
La evolución idealógica del teatro de José Triana : una
contextualización de la identidad nacional cubana / Kristin E. Shoaf.
p. cm
Includes bibliographical references and index.
l. Triana, Josâ, 1931---Criticism and interpretation. 2. Triana, Josâ,
1931---Political and social views. 3. Cuba--History--Revolution, 1959—
Literature and the revolution. 4. Cuba—In literature. 5. Theater of
the absurd. I. Title.

PQ7390.T7 Z86 2001   862'.64—dc21   2001047651 CIP

ISBN 0-7618-2122-8 (pbk. : alk. paper)

This book is dedicated to my mentor and inspiration,

Nancy Poulson

Hay que seducir al público.
No podemos vivir de espaldas al público.

—José Triana

Índice

Ackowledgments

During the writing of this book, I have incurred many debts of gratitude on both the personal and professional levels. I would like to thank my family, and especially my parents, for their continuous support and encouragement. I would like to express my heartfelt appreciation to Dr. Nancy Poulson for the patience and dedication she has given me throughout the years; thank you for believing in me.

I would also like to thank Pedro Monge Rafuls of *Ollantay*; he has helped me a great deal with the writing of this book, and he has supported me in many academic endeavors. Thank you also to the literary critics who have inspired me to write about Triana: George Woodyard, Kirsten Nigro, Jacqueline Bixler and Leon Lyday.

Lastly, I owe a very special debt of gratitude to José Triana, without whom this work would not have been possible. Thank you, Pepe, for granting me permission to publish your work, and for allowing me to interview you at your home. Your work inspires me to write.

Capítulo I

Introducción

El teatro cubano de la época pre-revolucionaria, revolucionaria y pos-revolucionaria nos ofrece una óptica amplia del contexto de la Revolución y su significado. El teatro identifica problemas específicos de la sociedad cubana revolucionaria y también busca soluciones dentro del mismo sistema. Con la Revolución, el teatro cubano sufre una metamorfosis, y afirma una nueva identidad. Rine Leal afirma que "[. . .] sabíamos que 'algo' iba a pasar en el teatro cubano . . . existía la latente impresión de que los males teatrales cubanos iban a desaparecer para siempre" ("Rostro" 10). Según Arenal, el teatro cubano es un teatro que por su contemporaneidad esencial está en condiciones de obrar "como una revelación, como un descubrimiento, como una confesión . . . tratando de lograr la mayor comunicación con el público" (8).

Durante la Revolución, el teatro cubano expresaba la esencia del cubano, en su búsqueda personal y nacional de identidad. Un fenómeno característico del teatro cubano es el proceso de identificación, a través de un cambio de roles, o juegos. Así que se nota en el teatro cubano de mediados de siglo, los temas de la libertad y la opresión. El teatro de José Triana está arraigado en esta búsqueda de la cubanidad esencial, y explora el papel del cubano dentro del contexto del proceso revolucionario.

A. La Vida de José Triana

José Triana nació en Hatüey, Camagüey (Cuba), el cuatro de enero de 1931. Estudió en Santiago de Cuba desde 1952 hasta 1954, y al terminar, fue a España durante los años de Batista, donde publicó un libro de poesía, *De la madera del sueño* (1957), y escribió sus primeras obras teatrales (Woodyard, *9 dramaturgos* 133). Regresó a Cuba y empezó a estrenar sus primeras piezas teatrales al estallar la Revolución. Triana fue uno de los miembros fundadores de la Unión de Escritores y Artistas de Cuba, y recibió el premio Casa de las Américas en 1965 por su obra *La noche de los asesinos*. En 1980, cuando Castro dejó que miles de cubanos descontentos salieran del país, Triana se exilió y se estableció en París. En una entrevista personal que tuve con Triana en su casa en París, el seis de octubre de 1998, dijo que decidió mudarse a París específicamente porque cuando se estrenó *La noche de los asesinos* en el Teatro de la Nación de París en 1967, conoció a su mujer. Ella fue con él a Cuba, y allí pasaron doce años: "Yo estaba arto de Cuba [. . .] Ella se hubiera quedado allí, pero dije que no" (Shoaf, "Entrevista"). Preocupado por el cubano, el auge de Triana es la década del sesenta y, en su dramaturgia, capta la importancia del individuo dentro de las transformaciones sociales. Triana dice que "El teatro es el hombre . . . me interesa sobre todas las cosas el hombre, el hombre tal como se manifiesta, el hombre como se produce todos los días, en busca siempre de situaciones vivas" (Dauster, "Visión" 863). Triana presenta a los personajes en el momento más decisivo de sus vidas, cuando parece que no hay esperanzas; le preocupa el tejido enredado que crea el hombre, y su teatro representa un esfuerzo de examinar la situación precaria del ser humano; en su dramaturgia Triana examina las características violentas del comportamiento del ser humano.

En sus primeras piezas, Triana "provocó mucho interés con sus interpretaciones y las tradiciones cubanas" (Woodyard, *9 dramaturgos* 133). Triana presenta a sus personajes, que pertenecen a las clases sociales más humildes, en situaciones que muestran la violencia y la brutalidad que tienen que enfrentar. Su primera obra teatral, *El Mayor General hablará de teogonía*, fue escrita en 1957, y estrenada en 1960. En esta obra los personajes viven con la esperanza de desafiar la autoridad representada por el Mayor General. Entre las otras obras revolucionarias de Triana figura *Medea en el espejo*, estrenada en 1960, que cuenta de un antiguo mito griego en una propiedad cubana. María, la protagonista, abandonada por su esposo Julián, se mira obsesivamente en el espejo, se vuelve loca y mata a sus hijos. En *El Parque de la Fraternidad*, estrenada en 1962, hay tres personajes típicos del teatro cubano tradicional: la mujer afro-cubana, el hombre viejo y el hombre joven. *La casa ardiendo*, también estrenada en 1962, es un monólogo en que la relación entre los personajes se hace cada vez más elusiva. Es una obra de que Triana dice que ni conserva una copia ni de la cual quiere hablar, una obra que se montó en La Habana. En 1963 fueron estrenados *El incidente cotidiano, La visita del ángel* y *La muerte del Ñeque. El incidente cotodiano* y *La visita del ángel* nunca se publicaron, y Triana prefiere que ellas se encuentren entre sus obras olvidadas. *La muerte del Ñeque* evoca el aparato de una tragedia griega: tres criminales, un negro, un mestizo y un blanco, quienes matan a su jefe criminal. El juego de billar en este drama representa las fuerzas mitológicas del destino y la fortuna. *La noche de los asesinos*, la obra más conocida de Triana, ganó el premio Casa de las Américas en 1965, y explora el espacio marginal y limitado de tres hermanos, enfrascados en una lucha por liberarse de sus padres. Los hermanos muestran su frustración mediante un juego en el que matan simbólicamente a sus padres, nunca logrando realizar el asesinato.

Ceremonial de guerra, escrito entre 1968-73, es una obra que se concentra en la vida de un revolucionario e inicia la etapa de transición en la dramaturgia de Triana. La obra es situada en 1895, cuando Cuba luchaba por su independencia nacional, y se nota un cambio radical en la perspectiva de Triana: al escribir *Noche* se sentía parte de la Revolución; tres años después, al escribir *Ceremonial*, se sentía marginado, mirando desde afuera hacia adentro, aunque todavía vivía en Cuba. Triana escribió *Revolico en el Campo de Marte* en 1972 y, situada en La Habana de 1900, es una obra que, según Meléndez, dialoga con el pasado:

> Por un lado, la obra teatraliza su vínculo con otras manifestaciones dramáticas y narrativas tanto de la tradición literaria española como la de la cubana. La explícita ilusión a la comedia de errores y de capa y espada del Siglo de Oro, la ímplicita mención de la literatura anti-esclavista del siglo XIX y del bufo cubano de los siglos XIX y XX, del esperpento valleinclanesco, y la caracterización tanto del choteo como del influyente teatro del absurdo, sugieren la profunda conciencia que posee la obra de sus orígenes y tradiciones literarias en general y teatrales en particular. ("Politicemos" 134)

Palabras comunes es una versión reelaborada de *Diálogo de mujeres,* escrita en 1979-80, y la Compañía Real del Teatro Isabelino montó la obra en 1985 en Londres bajo el título *Worlds Apart*. Dice Triana sobre la representación: "se hizo un montaje maravilloso, y no se ha vuelto a representar la obra" (Shoaf, "Entrevista"). Esta obra es la transposición de *Las honradas* (1917) de Miguel de Carrión.

En diciembre de 1975, Triana tuvo una experiencia inolvidable que lo cambió para siempre; fue a un seminario internacional de teatro en La Habana para celebrar el éxito que había tenido *La noche de los asesinos*, y estaban allí Vicente Revuelta, Virgilio Piñera, Abelardo Estorino y Antón Arrufat. De repente, dice Triana,

> la gente empezó a gritar que yo era un anti-comunista ideológico, que yo formaba parte de una conspiración . . . Entonces, yo escribí en Cuba durante esos años *Ceremonial de guerra, Revolico en el Campo de Marte,* y la primera versión de *Palabras comunes* . . . fui paralizado porque yo no esperaba que a mí me condenaran, que yo era conspirador, elemento anti-comunista . . . Yo tenía mis ideas . . . Eso para mí fue muy desagradable, y estas tres obras fueron escritas para tratar de sobrevivir, porque si no, me tenía que suicidar. (Shoaf, "Entrevista")

Triana se exilió a París en 1980, porque "estaba arto de Cuba y entonces decidí venir porque ya no quería más comprometidos con eso que la gente llama la Revolución" (Shoaf, "Entrevista"). Su exilio marca un período de transición para el dramaturgo, porque por fin decidió abandonar su país, y se había dado cuenta de que nada iba a mejorar en Cuba.

Triana no volvió a escribir hasta 1991, cuando escribió *Cruzando el puente*, su único monólogo publicado. La obra explora la angustia interna de un hombre, Heriberto Fonseca, que tiene un enlace psicológico con Aracelio Fonseca de *Ceremonial de guerra*. En 1992, Triana escribió *La Fiesta,* o, *Comedia para un delirio*, que mezcla lo cómico y lo trágico para mostrar una realidad que es nada más que un juego de disfraces. Esta obra está vinculada con *La noche de los asesinos* en el sentido de que hay hermanos luchando para obtener la libertad a través de un juego, pero los hermanos de *Palabras* muestran cómo se sentía Triana después de su exilio. *Ahí están los tarahumaras*, 1993, es una obra corta que refleja la influencia del teatro del absurdo. Parecida a las estructuras de *El cepillo de dientes* de Jorge Díaz y *Dos viejos pánicos* de Virgilio Piñera, *Ahí están los tarahumaras* busca una solución al sentimiento de confinamiento que siente la gente en la isla de Cuba. En 1994, Triana escribió *El último día del verano*, obra que muestra los sentimientos amargos que todavía tiene Triana sobre la Revolución. La pieza es una mezcla de la visión realista de las generaciones mayores en contraste con la idealista de los jóvenes. *El último día del verano* y la segunda versión de *La Muerte del Ñeque,* 1995, una versión más violenta que la primera, no han sido publicados.

B. Las Influencias Principales en el Teatro de José Triana

Triana emplea varias técnicas dentro de su teatro, entre las cuales figuran el teatro del absurdo, el mundo esperpéntico de Valle-Inclán, la filosofía de Camus, y las obras de Ionesco y Beckett. El teatro del absurdo emergió en Europa y América después de la Segunda Guerra Mundial. Para muchos dramaturgos a mediados del siglo, el mundo moderno era absurdo, porque no se podían explicar las injusticias ni las inconsistencias del mundo en términos del pasado. Los personajes, el lenguaje y los sucesos son frecuentemente ilógicos en el teatro del absurdo.

En cuanto a la estructura del teatro del absurdo, es importante considerar la función del rito en algunas de las obras de Triana. Un rito sí tiene una estructura; las acciones son repetidas de manera fija, y tienen principio, medio y fin. El rito, como un proceso de volver a representar varias veces, es activo; tiene un poder especial que puede ser la fuente de energía en el teatro (Kuritz 370). El teatro del absurdo no sigue ninguna regla convencional de estructura. Cada dramaturgo absurdista tiene su propia manera de acercarse a su tema, y a pesar de eso los dramaturgos tienen mucho en común simplemente porque los trabajos reflejan las preocupaciones y emociones del autor. Como bien dice Esslin, "The Theatre of the Absurd can be seen as the reflection of what seems to be the attitude most genuinely representative of our own time" (4). El teatro del absurdo siempre es más que lenguaje; se basa en el disparate verbal, y el significado de las palabras es de suma importancia y es necesario expandir los límites del sentido, y obtener libertad de la lógica y lo convencional para entender el motivo principal. La preocupación del teatro del absurdo con el lenguaje es su esfuerzo para penetrar a un nivel más profundo de la mente, y muestra el problema de comunicación entre los seres humanos. Presenta el caso de un ser humano tratando de comprender algo más allá de su comprensión, y el propósito del teatro del absurdo es hacer que el lector/espectador sea consciente de la posición efímera y frágil del ser humano en el mundo.

El teatro de Ramón de Valle-Inclán es, según Velarde, "un precedente a las más avanzadas expresiones del teatro del absurdo" (11). El esperpento de Ramón de Valle-Inclán nace en 1920 con la publicación de *Luces de Bohemia*. La base está en la distancia, y la visión es desdeñosa, inmisericorde y deshumanizada. Es una deformación grotesca de una realidad que no se puede reflejar con racionalidad. Valle-Inclán nos descubre las irregularidades y contradicciones, las violencias y crueldades que encierra el orden establecido. Algunas características del esperpento son un compromiso con la realidad, el teatro del absurdo, y una visión degradora de la realidad. El esperpento descoyunta la realidad, transforma por completo la imagen aparente que tenemos de la estructura y de su dinámica, precisamente para mostrarnos cómo son, cómo es la realidad. Valle-Inclán presenta en el escenario la realidad en que vive el lector/ espectador, pero de tal manera deformada que éste no puede menos que quedar atónito, pues esta realidad es increíble.

Triana, en su teatro, emplea esta idea de una visión violenta de la realidad sin lógica, y también quiere provocar una toma de conciencia, el primer paso para llegar a entender su pasado, su presente y su futuro. En *Luces de Bohemia*, Max Estrella, el héroe del esperpento, lleva un peso fatalista, un destino degradado, y comparte estas características con Lalo, el hermano de *La noche de los asesinos*, Aracelio Fonseca de *Ceremonial de guerra*, y Heriberto de *Cruzando el puente*. Mientras que el esperpento es una estética y una visión del mundo, desde una concreta circunstancia histórica española y desde una determinada ideología, el teatro de Triana ofrece *su propia* visión del mundo y de la Revolución, desde la circunstancia cubana y desde una ideología que confluye con el proceso evolutivo histórico de Cuba.

En *The Myth of Sisyphus* (1941), Albert Camus mantiene que es necesario preguntarse si esta vida tiene significado, y que "all great deeds and all great thoughts have a ridiculous beginning" (12). Camus propone que el mundo no es razonable, y que lo absurdo es la confrontación de esa irracionalidad y el anhelo por la claridad cuya llamada resuena en el corazón humano (21). Lo absurdo depende del ser humano, y vice versa, y allí está el momento que los vincula: "I can say that the Absurd is not in man nor in the world, but in their presence together [. . .] it is the only bond uniting them" (30). Camus mantiene que el ser humano siempre es víctima de sus verdades, y una vez que las admite, no puede liberarse de ellas. Un hombre que ha tomado conciencia del absurdo siempre está atado a ello, y el que cree en el significado de la vida crea un sentido de valores, una opción, pero el que cree en lo absurdo acepta lo contrario (Camus 60).

Al investigar sobre el teatro del absurdo, es difícil explicar el por qué de su éxito, debido a que la trama de este tipo de teatro no tiene sentido aparente. El teatro del absurdo se comunica a un nivel más penetrante en la mente del lector/espectador y libera la represión y los temores escondidos. Así mismo, el tiempo es diacrónico, y es la responsabilidad del lector/espectador ordernarlo para ver que el mundo ha llegado a ser absurdo, y reconocer que éste es el primer paso para aceptar la realidad. Sin embargo, el teatro del absurdo no propone soluciones intelectuales a los conflictos; de hecho, muchas obras poseen una estructura circular ya que las obras terminan donde empiezan. Camus mantiene que el descubrimiento absurdo coincide con una pausa en que las pasiones futuras son preparadas y justificadas, y que para el hombre absurdo, no es cosa de explicar y resolver, sino de experimentar y describir (94). Lo fascinante del teatro del absurdo es cómo comunica la angustia del autor por expresar las preocupaciones de la vida humana de una manera absurda.

No se puede comentar sobre el teatro del absurdo ni las influencias principales en la dramaturgia de Triana sin mencionar a Samuel Beckett. La escritura de Beckett tiene su fuente en la visión que tiene Camus del absurdo: un universo que no tiene sentido porque no existe un Dios para resolver las contradicciones entre esperanzas nuevas por un lado y nuestras experiencias por otro (Barranger 638). El universo absurdo de Beckett pinta la alienación humana y el vacío físico y psicológico. En *Esperando a Godot*, escrito en 1952, los personajes repiten que no hay nada que se puede hacer, y siguen esperando y esperando. Igual a los personajes de *El Mayor General hablará de teogonía* que esperan al Mayor General, las vidas de Vladimir y Estragon de *Esperando a Godot* también son controladas por el acto de esperar. Mientras que al final de *El Mayor General*, el Mayor General aparece, en *La noche de los asesinos,* los hermanos siempre repetirán su juego, como Vladimir y Estragon siempre estarán esperando.

Ionesco también le influyó a Triana en su escritura, y los dos a veces coinciden en la temática de sus obras. Para Ionesco, un dramaturgo debe alcanzar el equilibrio entre "la espontaneidad, la inconciencia, y la lucidez" (citado en Glukman 19), y tanto Ionesco como Triana trata temas de obsesión y angustia, aislamiento y la soledad del ser humano. En *La noche de los asesinos,* que sin duda tiene la influencia del teatro del absurdo, tres hermanos se meten en un juego, un círculo vicioso sin fin.

El teatro del absurdo comunica esta falta de comprensión de la realidad; es decir, hay experiencias que no se pueden definir ni explicar lógicamente simplemente porque son irracionales. Los hermanos de *Noche* evaden la realidad por medio de su rito absurdo, y así nunca escaparán de su realidad, la que los deja atrapados.

Los temores internos de Triana salen en su dramaturgia, y se puede ver sus preocupaciones y su esfuerzo para comunicarle al lector/espectador una realidad que él mismo vivía. Triana escribe para abrir la conciencia de la gente, para informarle de la realidad social y política cubana.

Triana, en nuestra entrevista, me dejó completa libertad de interpretar sus obras; nunca me dio su interpretación personal, porque así cambiaría la mía, e Ionesco hace lo mismo en sus obras. Tanto los dramas de Triana como los de Ionesco son una mezcla de la realidad, la fantasía, y la historia cultural de una nación. Además, el público tiene un papel importante en las obras de ambos autores, y en algunas de las obras de Triana, los personajes conversan con el público: "Hay que seducir al público. No podemos vivir de espaldas al público," y ahí está el éxito de su teatro (Shoaf, "Entrevista").

C. El Teatro del Absurdo en Hispanoamérica

Como el teatro del absurdo tiene una gran presencia en la dramaturgia de Triana, vale examinar cómo este fenómeno llegó a Hispanoamérica, y qué impacto tuvo al llegar. El teatro del absurdo se basa en ver con las filosofías existenciales pero desarrolló una expresión nueva en Europa y las Américas en la década de los sesenta por su manera de interpretar la realidad cultural, y una búsqueda de identidad nacional (Holzapfel 38). Virgilio Piñera fue uno de los primeros dramaturgos en emplear la técnica del absurdo en su obra *Falsa alarma* en 1949, pero el movimiento no floreció hasta los sesenta. George Woodyard afirma:

> Following the break with the domination of the Spanish tradition which prevailed until the experimental period of the late 1920's and 30's, the Spanish American playwrights became more eclectic in their orientation, expanding their vision to include their European and North American precursors and contemporaries. The reality-illusion conflicts of Pirandello, the alienation techniques of Brecht, the existentialist preocupations of Camus and Sartre, and more recently, the absurdist

inclinations of Beckett and Ionesco provided models which have been incorporated within a Spanish American context. ("Theatre" 183)

Esta cita de Woodyard bien explica el fenómeno que surgió por toda Hispanoamérica en la década de los sesenta, un fenómeno que exploró los límites de la libertad del hombre y su búsqueda de identidad al "nivel nacional, cultural, religioso, social, psicológico y metafísico" (184). A veces, la búsqueda de identidad supuso el uso de ritos o juegos inventados como manera de escape de una realidad dura. Por todo el continente, el teatro del absurdo fue la oportunidad de comunicar la realidad de la condición humana por desarrollar *otra realidad* del Ser.

En Cuba, entre los años 1959 y 1969, el teatro cultivó el modelo europeo del teatro del absurdo. Durante la Revolución, muchos dramaturgos emplearon esta técnica para hacer referencia indirecta al caos y a la agitación política de la sociedad cubana. Los dramaturgos del teatro del absurdo no buscaban criticar la Revolución simplemente porque no estaban de acuerdo con sus metas, sino que se enfocaron en los problemas que venían del sentimiento de inseguridad del hombre y su esfuerzo de ordenar y controlar su mundo, y establecer su identidad en la sociedad nacional (Palls "Absurdo" 26). Estos dramas se basaban en la realidad difícil del hombre. En *La noche de los asesinos,* un drama que termina en el mismo círculo vicioso donde empieza, los hermanos son más como títeres que seres humanos, jugando su rito de huida sin éxito. El drama comunica lo que está en el alma del autor, y es algo que le es muy personal y propio. El teatro del absurdo funciona aquí porque comunica el mensaje personal de Triana, con su necesidad de salir del caos, pero a la vez es incapaz de hacerlo. La realidad severa de la Revolución es que el hombre siente agonía ante un mundo que se va deshumanizando, y en Cuba el teatro del absurdo es una manera irónica de interpretar la sociedad nacional cubana.

El propósito de este estudio es analizar las obras dramáticas de José Triana desde una pespectiva ideológica evolutiva; es decir, contextualizar sus obras dentro de la identidad histórica nacional cubana. El próximo capítulo se enfoca en sus obras revolucionarias; es decir, las obras escritas durante la Revolución cubana. Estas obras incluyen *El Mayor General hablará de teogonía, Medea en el espejo, El Parque de la Fraternidad,* la primera versión de *La Muerte del Ñeque,* y *La noche de los asesinos,* y las examino desde un punto de vista cultural y a la vez político y social;

es decir, establezco conexiones entre lo que pasaba en la nación y la dramaturgia de Triana. El tercer capítulo examina sus "obras de transición;" *Revolico en el Campo de Marte, Ceremonial de guerra,* y *Palabras comunes.* Triana escribió (o empezó a escribir) estas obras después del éxito con *La noche de los asesinos,* y las escribió para sobrevivir cuando empezó a darse cuenta de que nada iba a cambiar dentro de su país, y que las promesas no se cumplirían. El cuarto capítulo analiza las obras más recientes de Triana, todas escritas durante la década de los noventa en París, después de su exilio en 1980. Se nota en estas últimas obras de Triana, *Cruzando el puente, Ahí están los tarahumaras, El último día del verano, La Fiesta,* y la segunda versión de *La Muerte del Ñeque,* el impacto que tuvo su desilusión con la Revolución y el dolor de la separación de su tierra natal. Se puede ver cómo cambió su perspectiva ante la Revolución desde mucha esperanza al principio a una desilusión total hacia el final. Este estudio es un viaje evolutivo por el teatro de José Triana, y como su teatro es un viaje por la historia cubana, el resultado de ambos es una revelación de lo que significa ser cubano antes, durante y después de la Revolución.

Capítulo II

Las Obras Revolucionarias de José Triana

J osé Triana escribió la mayoría de sus obras durante la Revolución cubana, cuando tenía esperanzas de lo que podía ofrecer la Revolución al país. Triana vivió desde adentro lo que muchos dramaturgos vieron desde el exilio: la realidad de la política cubana y los efectos que tuvo en la isla:

> En Cuba se hizo la Revolución para el mejoramiento del hombre. Yo estaba de acuerdo. Y pronto me di cuenta que habían pasado veinte años y estaba en el mismo punto de partida. No se había hecho nada. Lo que se había creado era mucho desastre en torno a nosostros y en torno al mundo social. (Shoaf, "Entrevista")

Sus obras dramáticas de esta época muestran su esperanza al empezar la Revolución y, con el pasar del tiempo, sus sentimientos de estancamiento y marasmo. *El Mayor General hablará de teogonía* es una obra llena de represión que refleja la mentalidad de la sociedad cubana durante el régimen de Machado, y muestra el conflicto entre el opresor y el oprimido.

A. *El Mayor General Hablará de Teogonía*

La primera obra escrita por José Triana en 1957, *El Mayor General hablará de teogonía,* es la única obra suya conservada anterior a la Revolución cubana. En una entrevista con Taylor, Triana ubica *El Mayor*

11

General en esta parábola, explicando que "es sencillamente la historia contra la tiranía situada en la década de 1920, y en realidad es también contra el período batistiano" ("Entrevista" 119). La época de Machado, reflejada en la obra, fue una época de terror y opresión. Machado era dictador, y dirigió su país como una cárcel llena de criminals; destruyó los sindicatos de comercio y cerró la Universidad de la Habana. Suprimió cualquier oposición, torturando y encarcelando a los que se atrevieron a mostrar la menor falta de entusiasmo por su gobierno (Hansen 27). Su manera tiránica causó miedo en la gente cubana, y en realidad la gente pensaba que él merecía todo el odio y la amargura que le mostraban.

En *El Mayor General hablará de teogonía*, Triana emplea un espacio cerrado, la casa del Mayor General, como metáfora de la isla de Cuba. Es un espacio del cual no hay escape, y donde si hubiera soluciones, uno tendría que buscarlas dentro del sistema cerrado. Al empezar el drama, Elisiria dice:

> Elisiria: Sí, por qué pones esa cara. Pudimos habernos ido pasados ya los primeros días de la convalecencia. Verdad es que hace mucho. Pero fuiste tú quien empezó con quejas sentimentales: 'Un hombre solo. Hay que cuidarle. Se morirá de frío.' Y aquí nos tienes. Esclavizados. Esclavizados sin remedio. (Suspira.) Y toda nuestra infancia y la vida misma . . . (59)

Aunque Triana escribió el drama en 1957, acota que el año de la acción es 1929; es decir, se escribió durante la época de Batista, pero la acción marca los años de la dictadura machadista. *El Mayor General* no muestra tanta influencia extranjera como las obras que siguen, porque en 1957 Triana hace su primer viaje a Europa, y pasó tiempo en Francia, Alemania, y España. Durante su estancia en París, vio las obras dramáticas de Beckett y Genet, entre otros, y le influyeron tanto en su técnica como en su visión de la sociedad. Triana hace referencia a otro año significativo para Cuba, 1902, año de la independencia, y no es coincidencia que en ese año se casaron dos personajes de la obra, Petronila e Higinio. Es obvio que debemos prestar atención a los años acotados por Triana: la independencia de Cuba al principios del siglo, y el año 1929 en que Cuba fue amenazada por el primer dictador republicano. En *El Mayor General*, el dictador es el Mayor General mismo, y hace referencia a la dictadura del General Machado por el título de la obra.

Dos hermanas, Elisiria y Petronila, e Higinio, el marido de Petronila, son los personajes principales en *El Mayor General*. Viven en una ciudad no identificada por el autor, en una casa "del general a raíz de un confuso episodio veinticinco años antes, una caída que provocó la muerte, sin nacer todavía, de la hija de Petronila" (González Freire 11). Encerrados en esta casa, con su rutina aburrida, están atrapados por el miedo. El lector se da cuenta que Elisiria e Higinio tuvieron relaciones amorosas sin que Petronila lo supiera. Cuando Petronila estaba embarazada, su hermana celosa pidió la ayuda de Higinio para planear un asesinato contra Petronila, y trataron de asesinarla. Ella sobrevivió el ataque, pero perdió a la niña. El Mayor General los acepta en su casa, y Petronila guarda a su hija en una urna de cristal. Por fin, Higinio y Elisiria confiesan su amor ilícito. El Mayor General aparece en la obra como imagen, hasta el final, cuando su imagen se hace realidad en forma de una figura poderosa y misteriosa, pero que tiene una influencia fuerte en las vidas de los personajes:

> Petronila: [. . .] Ha sido una incongruencia y una falta de tacto invitar al Mayor General [. . .] Además, a mí me encanta oír hablar al Mayor General. Qué imaginación. Delante de nosotros se deciden guerras fabulosas, Cruzadas increíbles. Y legiones de ángeles vencen o mueren. *(Pausa, escuchando atenta.)* El Mayor General tiene un espléndido día. Se ha puesto a cantar. Qué hermosa voz. Debe estarse bañando. ¿Oyes? (63-4)

Las hermanas tienen opiniones distintas del Mayor General; para Petronila es un viejo que canta canciones absurdas, mientras que Elisiria lo cree un "juez tirano e inestable, capaz de matarlos a todos" (González Freire 12). Elisiria e Higinio conspiran para asesinar al Mayor General:

> Elisiria: Tienes que ayudarme; estoy dispuesta a todo. Haremos lo que sea necesario: huir o matar. (70) [. . .] Hay que empezar de nuevo sin él. (77)

El rito, elemento fundamental del teatro del absurdo, urde por el drama como una ceremonia, y hay dos ceremonias que se destacan aquí. La primera es la celebración del aniversario de bodas, la ceremonia de Petronila, alienada de su hermana y su esposo. El segundo rito tiene que ver con el asesinato que planean Higinio y Elisiria contra el Mayor General. Para ellos, este asesinato es su existencia, y viven para planearlo.

Como en muchas obras de Triana, los personajes se obran en un círculo vicioso "en el que ellos repiten esquemas de conducta de un modo inmutable y contraproducente" (de la Campa 35). Los personajes buscan refugio en sus propios mundos, o ritos, pero nunca lograrán lo que quieren. Montes Huidobro pregunta, "¿No es lo que siempre ha pasado en la historia de Cuba? ¿No hemos luchado siempre por obtener la libertad y después nos hemos dejado caer en la opresión y la autoridad?" (*Persona* 60). Lo que pasa a los personajes débiles de *El Mayor General* es lo que pasa en las vidas reales de los cubanos, y "el teatro cubano se está moviendo de la libertad a la opresión, dos de sus temas más notables" (Montes Huidobro, *Persona* 60). Es posible que Higinio, Elisiria, y Petronila nunca escapen de sus ritos porque tienen miedo a la libertad actual; no sabrían qué hacer en el mundo real, y "el resultado final no es más que un vacío donde siempre se ha ido del temor a la opresión al temor a la libertad, porque siempre se ha vuelto a la opresión" (Montes Huidobro, *Persona* 60).

El rito de hablar de asesinar al Mayor General tiene la meta de liberar a Higinio y a Elisiria, pero son simplemente palabras, y "la forma en que lo expresan adquiere la tonalidad de una letanía satánica que recitan dotándola de un poder santificador" (Triana, *El Mayor General* 76):

Elisiria: Su sangre nos servirá de alimento. Seremos santificados después. (76)

Al final de la obra, el Mayor General niega hablar de la teogonía, pero realmente la teogonía fue creada por los personajes mismos:

Mayor General: ¿Qué pasa? ¿Por qué se arrastran? Bastante tienen, ¿no? ¿Cuáles son los motivos? Díganme, díganme . . . Levántense. (*Los personajes quedan inmóviles.*) ¿Me habían invitado a la recepción? ¿No es así? Imagino, imagino que han inventado una inocente historia. Son tan precipitados. Bien, explíqueme. Ah, esta guerrera, son descuidados. Apenas sí revisan la ropa. Naturalmente no debo entrometerme en todos los asuntos, pero es que a mí en el fondo me atañen. No me gusta eso de andar vestido . . . Elisiria, el lustrado de las botas deja mucho que desear. Oh perdóname, sermones, no. Esta odiosa manía que tengo. ¿Me disculpan? Para poder mantener una vida en común es necesario limar muchas esperanzas. Aunque hay gentes que no se acostumbran y . . . La libertad ha sido siempre un problema. Desde el primer día . . . Ah, mis ocupaciones, mis ocupaciones. Me gusta andar impecablemente vestido en casa. No les entiendo. *(Risa contenida.)* Parecen animales, bestias. Es divertido, después de todo. (86)

El Mayor General niega hablar de teogonía cuando visita a los personajes al final de la obra, el día del aniversario de bodas.

El espacio cerrado de la acción es la casa del Mayor General, y en el comedor de la casa hay una escalera. No se puede ver el segundo piso de la casa, pero el espectador sabe que está allí, y que la escalera sirve como punto de transición "entre la planta baja donde hay familia e Higinio y la planta alta donde se reside el Mayor General" (Fernández-Fernández, *Teatro* 15-16). Como Sísifo de Camus, el destino de los personajes y del Mayor General es propiedad de ellos. La reacción del Mayor General ante los personajes no es de sorpresa, sino de aburrimiento, y dice que son "igual de los títeres" (87). El Mayor General indica que el rito continuará con los otros visitantes de la casa cuando dice "Y vendrán otros y vendrán otros y vendrán otros . . . *(Suspira.)* Algún día" (87).

B. *Medea en el espejo*

Medea en el espejo, 1960, es la primera obra de Triana escrita en tres actos, y como *El Mayor General hablará de teogonía,* propone una búsqueda esencial de lo que es ser cubano. *Medea en el espejo* es otra versión de la de Eurípides, situada en La Habana. Triana afirma:

> *Medea en el espejo* es sencillamente una respuesta a las otras *Medeas* que se han hecho: la de Anouilh, la de Séneca, la de Unamuno y la original, la de Eurípides. Naturalmente, lo hago partiendo de la sociedad que conozco e imponiéndolo una especie de brillo musical, extraño, a la pieza, con elementos sacados de unas referencias populares, del mundo popular. Algunos personajes son sacados de canciones, otros son sencillamente manifestaciones de la vida más común de la sociedad cubana, pero como instalándonos dentro de un marco trágico, en busca de una respuesta a una pregunta que siempre me he hecho: ¿qué dimensión tenemos, como hombres, como gente que habita este lugar de planeta? (Vasserot, "Entrevista" 127)

En esta versión Medea/María, la bella mulata, está enamorada de Jason/ Julián, su amante blanco. Julián abandona a su esposa negra y sus dos hijos para casarse con la hija, Esperancita, de un hombre blanco, Creón/ Perico Piedra Fina, un cacique poderoso. Al principio María se venga de Piedra Fina y su hija al mandarles vino venenoso, pero todavía quiere a Julián. María se confronta y ve a Medea en el espejo, y la violenta Medea confronta a la Medea tranquila, y gana. El espejo es un instrumento que parece cuenta que nunca miente y ayuda en la búsqueda de la identidad, como se da Tabo en *Dos viejos pánicos* de Virgilio Piñera, pero María tiene que buscar más allá de la superficie del espejo para encontrar su verdadero ser. Como la historia de Eurípides, María termina con el asesinato de Julián y sus hijos, pero termina bailando, y se proclama diosa. María busca liberarse tanto del amor como del engaño mediante el asesinato de Julián y sus hijos, y busca su propio valor en este rito prejudicial.

El mismo Triana, en una entrevista con Taylor, afirma que *"Medea en el espejo*, situada en los años 50, es una metáfora de la vida cubana y de la necesidad de un acto liberador" (119). Como los personajes de *El Mayor General hablará de teogonía*, con la necesidad de matar al Mayor General, al opresor, así sucede con María, y también con la mayoría de los personajes de las obras de Triana. Triana escribe *Medea* como reacción a la nueva realidad cubana, llena de crisis política y social, con una estructura re-definida. La acción de *Medea* ocurre en el patio de un solar anónimo, durante la década de los cincuenta, la época de la dictadura de Batista, en las zonas populares de La Habana. La obra muestra un choque entre razas y clases, rico contra pobre, y blanco contra negro, y como *El Mayor General*, los personajes se encuentran incpaces de enfrentar su propia realidad, e inventan ritos como su manera de escape.

Mostrando rasgos del teatro del absurdo, Triana emplea tanto la referencia a ritos como juegos verbales, violencia e irracionalidad (de la Campa 48):

> María: (*Al espíritu.*) No. No vayas tú. Seré yo. María. (*El espíritu desaparece haciendo gestos y signos extraños, por lateral derecho. Pausa. María se levanta. Como si las palabras le fueran cayendo delante de los ojos. A medida que va avanzando hacia el final del monólogo se sumerge en una inconciencia total.*) Sangre. Sangre. He visto un sueño. He visto sangre más allá del sueño. (50-1)

María se siente perdida y habla al espíritu de Medea, y es el espíritu que le pone el puñal imaginario en la mano de María y le ordena que mate a sus hijos. La tragedia de María es su pérdida pasional del control cuando asesina a sus hijos, y lo que siempre ha querido es apoderarse de Julián otra vez.

Como Higinio de *El Mayor General hablará de teogonía*, María se decepciona, negando la realidad de la muerte. María es una mujer que ha cometido un crimen de pasión, y muestra la capacidad violenta de los seres humanos cuando perdermos algo sin lo cual no podemos seguir viviendo, y aún niega lo que ha hecho Julián, excusando su engaño, diciendo "Los hombres, en general, mantienen costumbres de índole muy privada. Pero . . . comprendo esas necesidades. Los negocios, los negocios, los amigos, una borrachera, un desliz . . . Vaya, excusas. Resulta tan aburrida la vida en común" (20). María mata a sus hijos para que "no hubieran más Pericos ni Julianes en el mundo" (Fernández-Fernández, *Teatro* 60). María no puede mantener su estado sano porque ya no existe en ella un consciente colectivo; ha abandonado su ser en total, y ella simplemente imita la manera en que la trató Julián cuando la dejó:

> María: (*En el fondo.*) ¿Qué Julián se casa? (*Risa histérica.*) ¿Qué Julián se casa? Es para morirse de risa. Casarse con Esperancita.

> Erundina: Si es un saco de huesos, Madre mía. Un esperpento. Hay que tener tripas en el corazón.

> María: Es el fenómeno más grande del año.[. . .](24)

María no puede percibir las consecuencias de su venganza y de sus acciones, aunque se ve claramente su propósito, la reconquista de Julián: "María quiere verse, quiere ser ella, no la madre de dos criaturas; exige ser amada por lo que es sí misma" (Casey 104). La mujer decepcionada no ha podido escapar de su obsesión. *Medea en el espejo* muestra los errores de juicio que uno puede tener cuando ama demasiado, y también las consecuencias de estos errores. Medea, como los personajes de *El Mayor General, El Parque,* y *Noche*, se siente abandonada, aislada, y simplemente busca su identidad y su propia estructura dentro de un mundo caótico.

C. *El Parque de la Fraternidad*

Publicado en 1962 bajo el título *El Parque de la Fraternidad,* una colección de piezas teatrales que incluyó *Medea en el espejo, El Mayor General hablará de teogonía,* y *El Parque de la Fraternidad,* este drama en un acto se sitúa en la rotunda de un parque público de La Habana, que existe al lado del Palacio Presidencial cubano, y que fue construído durante la dictadura de Machado para celebrar la siembra del "árbol simbólico" durante la Sexta Conferencia Panamericana de 1928 (de la Campa 63).

Los personajes no tienen nombres específicos, y con eso Triana propone que ellos representan la sociedad cubana en general. El hecho de que la acción transcurre en un parque público es interesante porque por un lado, el parque, sin techo, denota un espacio público grande. Por otro lado, también es un espacio que limita el desarrollo de los habitantes, que no salen físicamente más allá de los límites del parque. En las primeras páginas los elementos absurdos abundan de la obra, y es difícil decifrar lo que está pasando con estos personajes. Triana acota muy específicamente la acción y las descripciones del parque; le ubica al lector dentro de la acción:

> El escenario representa una sección del Parque de la Fraternidad; específicamente, la rotunda. El escenario está dividido en tres planos. El primer plano o parte anterior del escenario se supone que sea considerado un lugar de tránsito común. El tercer plano o plano posterior del escenario se halla integrado por un alto enrejado y el árbol simbólico. Entre el primer plano y el tercero se encuentra una zona intermedia o plano segundo que está formado por varias escaleras que concluyen en una espaciosa plataforma.

De la Campa afirma que la Negra y el Viejo son más que personajes; representan una "síntesis humana" de dos individuos muy conocidos históricamente en La Habana, el Caballero de París, un hombre medio loco que pasaba por las calles durante esa época, y la Marquesa, una mujer mendiga, que "siempre andaba con un rollo de papeles sucios en la mano" (70). Las imágenes de la Negra y el Viejo establecen una identidad para el pueblo cubano. La Negra se viste de manera absurda y habla en lucumí, idioma de los Yoruba. El Muchacho parece ser el personaje principal, y según Fernández-Fernández, "el prototipo de la víctima y el victimario a la vez, que viene de un pueblo anónimo del interior de la isla" (*Teatro* 7). Ha muerto su madre, y su tío, el alcalde del pueblo, lo ha traicionado. El Muchacho abandona el pueblo, a causa de las dudas sobre su madre y el no poder vivir al modo de su tío, y va a La Habana, al parque, para mendigar y conoce a la Negra y al Viejo. Estos hechos impiden que el Muchacho siga una vida fácil de mendigo, y lo que busca es su identidad, pero se siente alienado del mundo. La estructura ritual consiste en la iniciación del Muchacho al mundo lamentable de La Habana como solución a sus problemas personales. Al conocer al Viejo y la Negra, él los asocia con las imágenes de su tío y su madre, así que de ninguna manera puede escapar de su pueblo que ha dejado atrás. Al dialogar el Muchacho con el Viejo, se revela que la Negra y el Viejo fueron convertidos en personajes famosos, él como pordiosero-violinista ambulante y ella como mendiga y prostituta.

En este único acto no hay mucha acción, y los personajes pasan el tiempo insultándose y no haciéndose caso, pero en su falta de comunicación reside el espíritu de la obra. González Freire propone que no está claro hasta qué punto podemos ver a la Negra como representante del negro oprimido de la sociedad cubana, al Viejo como representante de la burgesía intelectual ineficaz, o al Muchacho como la juventud inquieta e indisciplinada de antes de 1958 (19). La Negra y el Viejo balbucean constantemente; ella habla entre dientes las palabras en lucumí, y él se inmersa en un libro que, según él, declara la verdad.

A pesar de la brevedad de la obra, *Parque* lleva un trasfondo histórico nacional de identidad, en que introduce al público a la sociedad cubana de la época, representada por estos tres personajes. Este drama es importante para entender la dramaturgia trianiana en su totalidad, ya que "la imagen central que se proyecta en esta pieza revela los prototipos, los roles incipientes, que irán a consumir el universo imaginario trianiano" (Fernández-Fernández, *Teatro* 7). El sentido histórico de la obra se basa en el parque y en el desarrollo de los personajes, y el rito iniciativo del Muchacho (7). Usando la estructura del rito del Muchacho, la acción dramática sugiere una división de las etapas que él nos relata antes de su llegada al parque, seguidas por la revelación personal del Viejo sobre la Negra y sobre él mismo.

D. *La Muerte del Ñeque* (primera versión)

La acción de *La muerte del Ñeque* (1963) transcurre durante la época de Batista, en la década de los cincuenta, también los años de *El Parque de la Fraternidad* y *Medea en el espejo*. Así que en esta pieza Triana todavía mantiene su interés en el pasado nacional cubano. Los juegos del coro son una parte significante de la obra y, compuesto por una mezcla racial cubana, un negro, un mulato y un blanco, ellos contribuyen a la ambigüedad de la obra porque, según Triana, "mantienen un diálogo secreto que no llega al público" (17). El juego del coro, portavoz colectivo, domina sus vidas, y es difícil separarla de la realidad. La obra empieza violentamente:

> Pepe: (*Gritando.*) Mátalo. Mátalo. Tiene que morir . . .
>
> Juan: (*En susurro.*) Anoche tuve un sueño. Alguien me gritaba . . . (*Con voz grave y honda.*) Mátalo. Mátalo. No te demores . . . Llévatelo en la golilla.
>
> Pepe: (*Con una sonrisa sarcástica.*) ¿Tú crees en eso? (*Juan se encoge de hombros, dubitativo.*)
>
> Ñico: Yo sí. (*Pepe se echa a reír.*) A veces entre sueños se anuncian . . . (15)

Estos personajes conspiran para matar a Hilario, hombre ambicioso y amigo del padre de otro personaje de la obra, Juvencio. El padre de Juvencio, siendo jefe de la policía, le había ofrecido un puesto a Hilario, y según la historia, Hilario organizó la muerte de su amigo para asegurar la posición de jefe de la policía para sí mismo. Juvencio también quiere vengar la muerte de su padre, y contrata al coro para matarlo, así que el coro se encuentra doblemente ligado a la acción. El coro necesita averiguar a qué hora llega Hilario a casa por la noche y conseguir el dinero que Juvencio les prometió para el crimen. El mismo Triana afirma que *La muerte del Ñeque:*

> busca la 'limpieza', busca un nuevo orden. Esta obra se refiere a toda la política corruptora del país en la época de Batista pero al mismo tiempo es una advertencia a la corrupción inicial que ya se expresa en el año 63 y 64 en la vida cubana. Veía que se estaban reproduciendo

las mismas luchas por el poder, la misma represión policíaca existente en el período de Batista aunque bajo la excusa de una integridad revolucionaria. (Taylor "Entrevista" 119)

¿Puede Hilario representar a Batista, hombre violento, el ñeque? Como la figura dictatorial de Perico Piedra Fina en *Medea en el* espejo y el tío del Muchacho en *El Parque de la Fraternidad*, Hilario es otro ejemplo en el teatro de Triana de un personaje que representa las normas corruptas que permean la sociedad cubana durante la época de Batista y el arribismo conectado con los cuerpos dirigentes (de la Campa 84). La estructura ritual de la obra, rasgo típico del teatro de Triana, surge "de este hechizo mágico que los personajes creen ver impuesto en Hilario por los dioses" (de la Campa 81). Como muchos de los personajes de Triana, el mundo de Hilario es gobernado por la barbarie política. También Triana emplea a Hilario para describir detalladamente la historia social y política de las etapas pre-revolucionarias. Las conexiones personales que adquiere Hilario como fuente de apoyo en su ascenso social incluyen "familiares de presidentes, senadores y otros jefes de policía tanto en Santiago de Cuba como en La Habana; y su edad de 45 años abarca la mayor parte de la historia republicana nacional" (de la Campa 82). Triana introduce a Hilario al empezar el tercer acto, y ha regresado a su casa esperando olvidarse de la estación, y ve a Pablo, su hijo, y Blanca Estela luchando porque Pablo quería informarle de la infidelidad de Blanca Estela. Pablo cree que fue culpa de Juvencio que perdió a Blanca Estela como madrastra y objeto de sus fantasías eróticas, y propone salvar a su padre de las mentiras de Blanca Estela y de la venganza de Juvencio. Hilario es ciego ante esta realidad:

Pablo: (*En tono amable.*) No te preocupes. Tenemos que hablar. Quiero saber, papá, quién eres. ¿Qué haces? ¿Qué cosa es tu vida? A veces . . . No sé . . . Me parece que andamos extraviados . . . Somos unos extraños. Desde hace mucho siento como si te hubiera perdido y necesito saber, saber . . .

Hilario: (*Sin oír a su hijo. Con una sonrisacruel.*) Blanca Estela es una mujer extraña.

Pablo: Sí, papá, no lo creas tanto.

Hilario: (*Violento.*) Mira, hijo . . .

Pablo: ¿Las cosas no te salieron como tú pensabas? (105)

Pablo: Tienes que creerme. No te engaño. Mi único propósito es ayudarte.

Blanca: (*A Pablo.*) Eres un descarado. (*A Hilario.*) Dile que te cuente. (*A Pablo.*) Anda, cúentale a tu padre lo que me propusiste.

Pablo: (*A Hilario.*) Ella es el diablo. Contará cosas que son imposibles. Te hará ver lo que no existe. Hará cualquier basura por separarnos. Tenlo bien presente. Confía en mí. No te dejes embaucar. (*A Blanca Estela.*) Al fin tendrás que irte. (112)

Blanca Estela, la prostituta blanca que Hilario ganó en el juego, también es perseguida por Juvencio, y ella engaña a Hilario con el hijo de su antiguo amigo muerto. Según de la Campa, el pasado de Blanca Estela se vincula así con "un burdel habanero frecuentado por los oficiales de la policía" (83), un grupo que por fin incluye a Hilario. Se revela que Hilario fue responsable de la muerte del padre de Juvencio, y Ñico describe el encuentro de Hilario con Blanca Estela:

> . . . De esa manera tuvo la oportunidad de conocer a Blanca Estela . . . Porque ella era mujer que no trataba a cualquiera por su cara linda. Hilario en seguida se metió con ella y como había varios tipos influyentes que le andaban detrás y ella no se decidía por ninguno . . . Una noche, sin más ni más, se formó tremenda bronca y entonces se pusieron de acuerdo y decidieron jugársela en una partida de siló. El que ganara se llevaba la perla. Hilario se quedó con ella. (26-7)

Se ve en el papel de la mujer un vínculo con la prostitución y Blanca Estela es representada como objeto de apuesta. Hilario siempre perdona a su mujer porque después ella se rectifica y se comporta como debe comportarse la esposa del jefe de la policía. Hilario le hizo el favor más grande de su vida, sacándola del burdel, pero ella lo renuncia y desea liberarse de la máscara social impuesta en ella por él (de la Campa 91).

Al final de la obra cuando por fin Hilario es asesinado por el coro, marca la conclusión del plan de Juvencio. Las últimas palabras de Hilario están dirigidas al público, una técnica que emplea Triana a menudo en sus obras para incluir al espectador:

Hilario: ¿Son esos? ¿Vas a echarme a las fieras? ¿Me oyes? Te escapas.
¿Dónde, díganme, dónde está mi mujer? ¿Qué cosa es esto? ¿Dónde
está mi madre? (*Mira a todos los lados, desesperado. Se ríe.*) Estoy
solo. (*Pausa.*) ¿Dónde está mi hijo? (*Grita.*) Pablo. Pablo. (*Pausa.*)
Lo he perdido. (*Pausa.*) No podré encontrarlo. Es demasiado tarde.
(*Pausa. Desesperado.*) Blanca Estela, Blanca Estela . . . ¿Dónde está
mi casa? (*En un grito.*) ¿Dónde estoy? (*Al público.*) ¿Qué quieren que
haga? (124-5)

No existe una salida consciente para los personajes, y la vida de los
personajes se encuentra limitada por sus máscaras, y ven que no pueden
controlar su destino. El juego es el medio de lidiar con un mundo
inhumano; los personajes, guiados por la inconciencia ante la realidad
histórica, ven el mundo "como si fuera un juego o un fenómeno imposible
de ser controlado por el ser humano" (de la Campa 92).

E. *La Noche de los asesinos*

Triana empezó a escribir lo que muchos nombran su obra maestra en
1958, pero no la terminó hasta el año 1964. Triana emplea varias técnicas
en su teatro, y en *La noche de los asesinos*, lo más notable es el teatro del
absurdo. Para muchos dramaturgos a mediados del siglo, el mundo
moderno era absurdo, porque no se podía explicar las injusticias ni las
inconsistencias del mundo en términos del pasado. Los personajes, el
lenguaje y los sucesos son frecuentemente ilógicos en el teatro del absurdo,
y una característica de este teatro, que emplea Triana, es el uso de tonterías
verbales. En cuanto a la estructura del teatro del absurdo, es importante
considerar las estructuras de algunas de las obras de Triana, porque
emplean la estructura del rito. El rito, como un proceso de volver a
representar varias veces, es activo; tiene un poder especial que puede ser
la fuente de energía en al teatro (Kuritz 370).

La noche de los asesinos, que ganó el Premio Casa de las Américas
en 1965, es una lucha contra la represión, aún la que a nosotros mismos
nos imponemos. A veces esta lucha toma la senda de la realidad y otras
veces toma la del rito y la fantasía. Es normal regresar a los lugares y
objetos que viven en la memoria, y eso es lo que hace Triana. En *La
noche de los asesinos*, los tres hermanos adolescentes, Lalo, Beba y
Cuca, ensayan un acto ritual como si estuvieran preparando el asesinato
de sus padres. Este crimen les da a los hijos su identidad; son 'asesinos,'

asociados en el crimen, embarcados en la tarea de crear orden del caos. Hay solamente tres personajes en el drama, pero estos tres desempeñan los papeles de los padres, los policías, los vecinos, los fiscales, y el juez. La obra sirve para disminuir el sufrimiento de los oprimidos sin mejorar su situación, sin darles une manera efectiva de salida.

El centro de la obra reside en la planificación del asesinato de los padres. Al planear el asesinato, uno se fija en el odio y el miedo que nacen en el subconsciente de los hijos. Los tres hermanos, especialmente Lalo, muestran la tendencia hacia la violencia no solamente con emociones, sino también con palabras y acciones. En *La noche de los asesinos*, los hermanos nunca realizan el asesinato. Quizás los hermanos creen que asesinar a los padres significará el fin de la opresión, pero ésta es emocionalmente inculcada en sus mentes, y ha sido así desde la juventud. De los tres hijos, Lalo es el personaje más violento. En el primer acto, Lalo es el 'director' de la ritualización del plan; manda todo y les da órdenes a sus hermanas. Lalo quiere liberarse de sus padres, a pesar de que sólo puede definirse en relación con ellos, ya sea como su hijo o como su asesino. Al leer *La noche de los asesinos*, parecía un acto de rebelión de los hijos contra sus padres, pero Triana afirmó: "Hay una interpretación dada en que la gente habla que es específicamente matar a los padres. Yo pienso con los años que el problema no era los padres, sino los hermanos, uno contra otro . . . Fíjate que Cuca es la que consigue el poder. Y a Lalo lo tienen destruído" (Shoaf, "Entrevista"). Esta afirmación le da una nueva interpretación a la obra, en que quizás los actos de rebelión no son tanto en contra de las figuras de autoridad, como en contra de ellos mismos. Sin embargo, se trata el tema de la rebelión en la adolescencia de manera única en *Noche*; la rebelión por la libertad individual está presente en el juego. Es cierto que Lalo rechaza a sus padres y todo lo que representan, y para escapar de su mundo de fracaso, cree que tiene que destruirlos. Matar a los padres para conseguir la libertad individual es la última fantasía de los hijos.

El hecho de que la acción tiene lugar en un cuarto solamente, y que la puerta está cerrada, crea un espacio totalmente cerrado. Lalo no es capaz de salir, y eso conduce al caos físico y mental. Este espacio es el único lugar donde Lalo puede estar, donde, de una forma u otra, se siente seguro. Lalo dice: "Siempre he tenido que regresar con el rabo entre las piernas . . . Reconozco que no sé andar en la calle; me confundo, me pierdo . . . Además, no sé lo que pasa, es como si me esfumara . . . ." (191). El viaje de Lalo por la "noche" sin terminación es una búsqueda del significado por el control de la forma, una construcción de identidad, como el asesino que es. La "noche" del título de la obra sugiere la oscuridad, y el cuarto con su contenido incoherente. Por la noche no se ven las cosas muy claramente, y a veces hay que mirar y buscar para ver algo, y ver lo que se queda detrás para el significado.

En el drama, el simulado asesinato de los padres les da a los hijos su identidad, les da el trabajo de crear orden de caos. Cambiar el orden de las cosas y quitar las cosas viejas no crea orden, sino que conduce al caos. Lalo, como Fidel Castro, es el joven realista que cree que puede reformar la sociedad. Lalo sólo busca su identidad a través del asesinato de los padres, así que no tiene su propia identidad, ni su propia vida; es manejado por la voluntad de sus padres. Lalo cree que para poder recobrar la libertad hay que destruir la conciencia, o crear orden del caos. En la obra entera no hay ni una declaración clara para indicar un asesinato, sólo el asesinato simulado. Hay una relación ambigua entre la representación teatralizada y la acción real, y eso abre la posibilidad de más de una interpretación. Lo que hacen los hermanos puede ser un rito, un acto preparatorio, o un juego (Taylor, *Theatre* 68). No se puede interpretar lo que pasa en el escenario hasta saber lo que hay detrás de la puerta.

Mientras que el drama fue escrito en un período ambiguo de gobierno, hay que recordar que el ambiente de Batista todavía tuvo una presencia importante en Cuba, porque su influencia sobre el gobierno no había desaparecido. Como en el drama, los hijos mantienen la estructura de la casa porque los padres no están, pero con la influencia de sus padres evidente en todas las cosas que hacen. La Revolución supone un cambio social para el país, y para los hijos encerrados en la casa. Según Batista, "Para que una revolución triunfe, mejor dicho, para hacer una revolución, es necesario que tenga una causa con profunda raigambre en el sentimiento público" (30). La opresión impuesta a los hijos por los padres es la causa de su revolucíon, pero no triunfa y nada cambia.

Al comienzo de *La noche de los asesinos*, Beba dice, "La representación ha empezado" (139). Triana emplea el juego dramático dentro de la pieza, y entreteje la temática y la técnica, que es la estructura circular, para expresar el estancamiento represivo del mundo en que se mueven los personajes. Lalo, Cuca y Beba hacen su rito para derribar la autoridad de sus padres; sin embargo, no pueden vencer su aburrimiento y represión. Lo único que los define, los identifica, los anima es la oposición a los padres; sin los padres, no existen, y si no viven para asesinar a los padres, no viven. La repetición del juego o rito es de mayor importancia para los hermanos, porque les proporciona ocasiones para sublimar sus pasiones y frustraciones. *La noche de los asesinos* es un juego continuo e interminable que sirve como ritual para exorcisar los demonios del crimen. El final del primer acto muestra la circularidad del juego:

> Cuca: (A Beba.) '¿Cómo te sientes?'
>
> Beba: (A Cuca.) 'Regular.'
>
> Cuca: (A Beba.) 'Cuesta un poco de trabajo.'
>
> Beba: (A Cuca.) 'Lo malo es que uno se acostumbra.'
>
> Cuca: (A Beba.) 'Pero, algún día . . . .'
>
> Beba: (A Cuca.) 'Es como todo.'
>
> Lalo: 'Abre esa puerta.' (Se golpea el pecho.
>
> Exaltado. Con los ojos muy abiertos.) 'Un asesino. Un asesino.' (Cae de rodillas.)
>
> Cuca: (A Beba.) ¿Y eso?
>
> Beba: 'La primera parte ha terminado.' (168)

El asesinato no ha sido realizado y se han acostumbrado al rito. En realidad, los dos actos del drama son ritos destinados a repetirse una y otra vez hasta que los hijos puedan por fin consumar el crimen.

El juego de asesinar a los padres no representa un sentido de comunicación, y aunque los hermanos atribuyen al juego el poder de cambiar últimamente su condición, ese no es el caso. Al empezar el segundo acto, Beba pregunta, "¿Por qué continuamos en este círculo?" (170). Vemos en el juego ritual una circularidad que indica que los hermanos nunca sobrepasarán al ensayo para entonces llegar al asesinato verdadero. El crimen de los hermanos nunca podrá llevar a la liberación buscada, porque hay una estructura tan cíclica. Cuca dice, "En esta casa todo está en juego. Ayúdame a dar los últimos toques" (171).

El fin del drama no significa el fin de la situación represiva. El drama no ofrece ninguna resolución, aunque los hermanos buscan control, y lleva la promesa de repeticiones de estos ciclos eternos. La puerta estará pronto al punto de cerrarse otra vez; no hay salida de ningún modo:

Beba: (Tono normal.) '¿Cómo te sientes?'

Cuca: (Tono normal.) 'Más segura.'

Beba: ¿Estás satisfecha?'

Cuca: 'Sí.'

Beba: '¿De veras?'

Cuca: 'De veras.'

Beba: ¿Estás dispuesta, otra vez?'

Cuca: 'Eso no se pregunta.'

Beba: 'Llegaremos a hacerlo un día . . . .'

Cuca: (Interrumpiendo.) 'Sin que nadie falle.'

Beba: '¿No te sorprendió que pudiera?

Cuca: 'Uno siempre se sorprende.'

Beba: (Seria de nuevo.) 'Está bien. Ahora me toca a mí.' (200-1)

El final de la obra nos devuelve al principio; son ritos vacíos que están basados en palabras en vez de acciones y los personajes no tienen ni posibilidades ni alternativas. El juego no permite salida ni solución, y para los hermanos la única salida es la ausencia de salida. Lalo dice, "Ay, hermanas mías, si el amor pudiera . . . Sólo el amor . . . Porque a pesar de todo, yo los quiero," (201). Montes Huidobro pregunta por qué Lalo hace referencia al amor en una obra llena de odio (127). Quizás es porque Lalo cree que si hubiera amor en su familia, si no hubiera sentido esta necesidad de liberarse de sus padres, las cosas habrían sido diferentes, porque a veces puede haber salvación en el amor. Pero como el amor fracasó, también ha fracasado la lucha por la libertad. Los hijos han luchado y seguirán luchando por una forma superior de vida social, pero en el drama realmente no pasa nada, y nunca va a pasar nada.

La historia de la Revolución Cubana une e inspira la creación dramática de José Triana. Triana afirma que *Noche* es:

> una obra fuertemente ligada a un pensamiento anarquista porque el el fondo de mí mismo soy un anarquista. La obra es un acto de rebelión dentro de la Revolución, es un acto de transformación. Es una necesidad humana. Uno no puede permanecer perplejo ni paralizado. Yo creo en la transformación, en la posibilidad que haya un mundo mejor. (Shoaf, "Entrevista")

Así termina *La noche de los asesinos*; los hijos continuarán jugando el juego preparatorio en su casa, su país.

Capítulo III

Las Obras Transicionales de José Triana

Después del año 1968, las cosas en Cuba se iban complicando mucho con la prolongada represión de la Revolución y la dictadura abrumadora. Durante esa época en Cuba, Triana escribió tres piezas dramáticas: *Revolico en el Campo de Marte* (1972), *Ceremonial de guerra* (1968-73), y *Palabras comunes* (1978-80). Escribió estas obras para "sobrevivir" (Shoaf, "Entrevista") en Cuba, porque ya Triana empezaba a ser marginado intelectualmente de la sociedad. Es decir, Triana tuvo que sobrevivir en esa nación quince años más, hasta 1980, y si no escribía, "me tenía que suicidar" (Shoaf, "Entrevista"). Clasifico estas piezas como las transicionales porque son parte de unas circunstancias transicionales que condujeron a su exilio. Resulta que *La noche de los asesinos* tuvo consecuencias decisivas para Triana:

> porque la gente interpretó la obra de inmediato asociándola a lo político y la juzgaron nociva, un ataque a la idea revolucionaria, cuando yo al contrario estaba recordando que existía un acto revolucionario de transformación que no estaba exclusivamente vinculado con leyes, sino que había un saneamiento por hacer, una reflexión interna, profunda para lograr el verdadero acto revolucionario. (Vasserot, "Siempre" 39-40)

Triana empezó a escribir *Ceremonial de guerra* en 1968, y la obra se publicó en 1973. Así, el año 1968 marca el principio de las obras de transición de José Triana, las cuales incluyen *Revolico en el Campo de*

29

Marte, Ceremonial de guerra y *Palabras comunes*, y termina en 1980 con el exilio de Triana a París.

A. Revolico en el Campo de Marte

Revolico en el Campo de Marte es una parodia de las comedias del Siglo de Oro en España y es una pieza en tres actos escrita en verso. La pieza se sitúa en tiempos de los inicios de la república y trata de la vida en el campo cubano (Fernández-Fernández, *Teatro* 11). Sobre la obra, el mismo Triana afirma que:

> el cubano tiene esa capacidad de sufrir transformaciones y parece que no tiene historia, pero la historia está ahí cuando se la busca, cuando se toca: ahí está el meollo de nuestra vida. He tratado de reflejar nuestra historia y nuestra idiosincrasia en todas mis obras y particularmente he querido destacar el desbordamiento criollo en *Revolico en el Campo de Marte* donde todos los personajes tienen máscaras, se caen unas y empiezan otras, porque Cuba es un pueblo de travestíes: por eso en la comedia todo el mundo se disfraza, hasta los matrones andan disfrazando. (Escarpanter, "Imagen" 10)

Con su teatro, Triana quiere reflejar la vida humana, y plantea que en la vida todos llevamos máscaras para disfrazarnos. Triana escribió la primera versión de *Revolico en el Campo de Marte* en 1972, y por fin la publicó en 1995 en *Gestos* después de haber pensado y meditado mucho sobre la posibilidad de publicarla. En la versión revisada encontramos "la inclusión de nuevas y más explícitas acotaciones a lo largo del texto, y la revisión de las escenas finales de la obra" (Meléndez, "Politicemos" 133). *Revolico en el Campo de Marte* tiene más personajes que las otras obras de Triana; normalmente Triana emplea pocos personajes para que puedan actuar recíprocamente, pero en el caso de *Revolico* hay diecisiete personajes, más la gente que canta y baila. Dentro de este "juego teatral" situado a "principios de 1900 o 1917" (*Revolico* 140), los personajes y el público "interactúan dentro de un mundo caótico, carnavalesco, supersticioso, lujurioso y lleno de codicia" (Meléndez, "Politicemos" 133). Como esta obra es distinta de sus obras "revolucionarias," hay que considerar las circunstancias durante las cuales Triana escribió *Revolico;* lo escribió después de una época muy difícil después del éxito de *La noche de los* asesinos cuando la gente empezó a rechazarlo y a afirmar que *Noche* era una obra anti-revolucionaria. En una entrevista con Escarpanter, Triana afirma:

> El de *Revolico* es el periodo de mi peor crisis de creación y de injusticia porque fue una época en la cual todo y todos se confabulaban para negarme después de *La noche de los asesinos*. Creo que *Revolico* es una de las piezas más hermosas que yo he escrito por el tono desusado de la conversación y los sonetos, que tendrán sentido o no, pero que están allí. Creo que esos sonetos y toda la obra respiran ese ambiente muy particular, fuerte, muy preciso que forma parte de la vida cubana.

Como los dramas de Lope de Vega o de Calderón de la Barca que proponían una búsqueda de la identidad propia, *Revolico* también es una obra dentro de su época en que refleja la vida cubana y la gente con una sed de identificarse. No hubo profundidad psicológica en los personajes de los dramas del Siglo de Oro, cuando cada pieza teatral se concibió como un poema dramático, y en *Revolico* los personajes se divierten y llevan disfraces dentro del caos. Por ejemplo, en *Revolico* Alicia se viste de hombre y Felo de disfraza de mujer, como manera de realizar sus deseos amorosos, y se hace pensar en *Don Gil de las calzas verdes*, de Tirso de Molina, historia de un hombre que se viste de mujer para ganar el amor y la confianza de su objeto de deseo, otra mujer. *Revolico* transciende los siglos; refleja la realidad nacional cubana y también conversa con el pasado, con las comedias del Siglo de Oro. El verso octosilábico contribuye a la diversión del drama, empaña la línea entre la realidad y la fantasía, y crea un ambiente cotidiano, "popular y faresco que dialoga y a la vez parodia los más importantes esquemas de la literatura; la cultura y la sociedad cubanas" (Meléndez, "Farsa" 84). Calderón de la Barca en *El gran teatro del mundo* propone que el mundo *es* teatro y la sociedad, o el público, es a la vez espectador y espectáculo; en *Revolico,* Triana incluye dos epígrafes, uno de William Shakespeare que dice *"El mundo entero es un teatro y todos los hombres y mujeres simplemente comediantes. Tiene sus entradas y salidas, y un hombre en su tiempo representa muchos papeles,"* y el otro epígrafe de José Lezama Lima: *"Con el disfraz de peluquero podemos bailar las propias danzas"* (140). Con estas citas que preceden el drama, es obvio que Triana enfatiza la importancia del público en sus obras, y especialmente en *Revolico,* cuando los personajes hablan al público:

Alicia: (*En el juego teatral, interrumpiéndolo. A los personajes primero y luego al público*) ¿Qué pasa? . . . ¿Estamos soñando acaso el sueño de un loco? ¿O los hechizos cambiaron y dislocaron antojos? ¿O nuestros ardides fueron máscaras de otros rostros que no pensamos ni vimos al transformarse en azoros? (204)

Como en su obra *Cruzando el puente*, en que el único personaje Heriberto Fonseca habla al público, Triana afirma "Hay que seducir al público. No podemos vivir de espaldas al público," (Shoaf, "Entrevista"). El público participa en el montaje, así que esta obra requiere un público para tener éxito en la representación, y también necesita un grupo grande de actores y bailes. Las parejas de *Revolico* se meten dentro de un caos inescapable lleno de celos, engaños y manipulaciones. El personaje de Rosa, un especie de Trotaconventos, complica la acción cuando Magdalena insiste en que ella prepare un hechizo para incitar los avances sexuales de Luis hacia ella. Según Meléndez, es la figura de Rosa donde "se funde la caracterización tradicional del personaje celestinesco y el elemento afrocubano, al enlazar los esquemas sociales y formales de las comedias del Siglo de Oro español con uno de los aspectos más significativos y complejos del sincretismo cultural y religioso cubano" ("Politicemos" 134). Triana dijo que con el personaje de Rosa propuso:

> una imagen que se da extraña del país. La Revolución ha convertido un acto religioso, como es la santería, en una cosa popular que ocupa toda la esfera de la sociedad, que cualquiera en Cuba hoy día puede hacer la santería. Eso no es cierto. Hay allí una cantidad de patraña gigantesca. La gente que se mete en la santería son gente religiosa; es una religión. Es una religión cargada de significación. Lo que yo hago con el personaje de Rosa es plantear que ella hace un simulacro de lo que es una santera, pero ella no es una santera en el sentido profundo de la palabra. Ella más bien es lo que llamaremos en francés *une entremetteuse* . . . (Shoaf "Entrevista")

La santería cubana, que todavía se practica en Cuba, que tiene herencia africana y católica compelida por la tradición española, "inyecta la pieza de Triana de un sincretismo literario y cultural que dentro del marco de la farsa se convierte en un suculento ajiaco donde comparten un mismo espacio estructuras heterogéneas y en apariencia antagónicas" (Meléndez, "Politicemos" 134). Además, existe la posibilidad de que todo ha sido efecto de los hechizos de Rosa.

Evidente en *Revolico en el Campo de Marte* es la técnica teatral del teatro del absurdo, así no se puede predecir lo qué harán los personajes, ni lo que pasará en la situación caótica con las parejas y los triángulos amorosos:

Luis: Magdalena, Magdalena. . .

Alicia: ¿Vuelve otra vez a la carga? Ay, mi confusión se alarga.

Luis: Tu cuerpo fino encadena. Ya no clamo potestad de verte, tampoco amarte.

Alicia: ¿Quién su corazón departe?

Luis: Ya no clamo libertad.

Alicia: ¿Qué es amor?

Luis: Amor es brío de sinsontes empujados en zarrapoastrosos prados que desfogan desvarío.

Alicia: ¿Qué es amor?

Luis: Amor es frío de bullangueros puñales que van dejando corales, bergantines del deseo, y tranueñan devaneos mientras arden matorrales.

Alicia: ¿Qué es amor?

Luis: Amor es arte que se nutre de alabanza y en la ilusoria añoranza de virtud. (169-71)

El teatro del absurdo de *Revolico* se aleja de la técnica tradicional y constante del período revolucionario. Por ejemplo, en *La noche de los asesinos*, los hermanos a veces actúan fuera de la escena, o dentro del juego, pero el lector sabe por las acotaciones del dramaturgo cuándo los hermanos están jugando; sin embargo, en *Revolico*, el juego es ya parte implícita del drama; *es* el drama. Lo absurdo en este caso resulta en un sistema de opuestos:

de polos que se rechazan y polos que se atraen, de esquemas duales y con frecuencia antagónicos que desembocan en el enredo y la farsa, pero que a su vez sugieren una postura crítica ante la realidad socio-política tanto del pasado como del presente cubano. (Meléndez, "Farsa" 88)

Los personajes de *Revolico* bailan y se disfrazan, pero detrás de la diversión existe un reflejo de la historia cubana y de la vida diaria de la gente. La gente cubana, una vez llena de esperanza de una vida mejor, ahora se encuentra en un vacío de promesas, donde los ciclos destructivos de los años de la independencia ya empiezan a repetirse sesenta años después. Triana también fue uno de los desilusionados metido en la destrucción política y caótica, y usó su voz de dramaturgo tanto para mostrar el ciclo repetitivo como para unir los años.

Según Meléndez, la comparación entre dos momentos históricos, (la 'danza de los millones' de 1917 y el "surgimiento de una nueva burocratizada pequeña burguesía creada por el propio Castro durante los primeros años de la década de 1970"), demanda la transformación de 'revolución' en 'revolico,' "mostrando un nuevo travestí donde la re-creación y repetición del pasado—es decir, la repetición de los arraigados malos hábitos—se convierte en blanco de parodia" (Meléndez, "Politicemos" 135). La corrupción política e inestabilidad continuaron durante los años pos-revolucionarios, y la Revolución cubana llegó a ser otro sistema opresivo contra el cual luchaba la gente. Con *Revolico*, Triana convierte la 'Revolución' en 'revolico;' es decir, en un juego, un caos, "en un circo, en un pandemonio, en una situación tan inestable que resulte casi imposible identificar a los actantes (actores/personajes) y sus respectivas posturas sociales, morales e ideológicas [. . .] donde el acto revolucionario se caracteriza a través de repeticiones ridículas y sin sentido" (Meléndez, "Politicemos" 135). Sastre, al final del drama, afirma:

Sastre: Todo acontece en escena, lo visible y lo invisible, pues el teatro es sorpresa, es exorcismo y es magia. (Los actores comienzan a patear y silbar al unísono.) ¡Muy bien! ¡Calma! ¡Como quieran! (Al público. Secreteando.) ¡Horda de fascinerosos! (204)

La realidad es como un río y en tu sueño su realeza de razón y sin razón urde castillos de fiesta. La máscara da un sentido a tu prover-bial extrañeza de ser y estar, porque el tiempo es la máscara que sueña [. . .] (205)

Eres tiempo y nada más. Un tiempo que se entremezcla con las hierbas de otros mundos y en el presente es espuela que abre añicos de visiones de plenitud y demencia—posible de un imposible que hace sueño tu existencia. (205)

El juego de apariencias y el desorden en el Campo de Marte refleja la confusión de la Revolución, y al reducir la revolución a un revolico, Triana afirma que la Revolución fue una irrisión repetitiva sin sentido.

B. Ceremonial de guerra

Escrito durante los años 1968-73, *Ceremonial de guerra* es una búsqueda de la verdad, como los otros dramas de Triana, pero esta vez desde el punto de vista de un revolucionario. La única obra escrita sin personajes femeninos, los revolucionarios se encuentran en un laberinto de errores de juzgamiento y engaños. La acción ocurre en en Cuba durante la lucha por la Independencia en dos momentos claves: La Guerra de Diez Años, 1868-78, y la rebelión de 1895-98, cuando "las tropas españolas guarnicionadas en Cuba mantenían los arsenales y respaldaban un sistema político ya anacrónico y puesto en peligro" (Woodyard, "Comentario" 6), pero se puede relacionar esta lucha con la de 1959. *Ceremonial* es un drama que no trata tanto de la guerra sino de los seres humanos y las relaciones entre ellos, y el altruismo y la hermandad que puede existir entre los hombres. En una entrevista con Vasserot, Triana afirma:

Creo que hay una escena muy hermosa en la obra, que es el encuentro de Aracelio con Carlos. Creo que es una escena de amor entre dos hombres que está resuelta de un modo muy saludable, que está bien orquestada. La obra también es un canto al amor. Por un lado está el juego político, el juego heroico, la guerra, el furor de la guerra, etc., y están esos hombres debatiéndose, hablando de un mismo amor, de un amor hacia lo invisible. ("Entrevista" 127)

Ceremonial es la historia de siete soldados cubanos, y más específicamente de Aracelio Fonseca, un revolucionario mambí, que ha sido herido en la pierna durante la guerra. Sus compañeros lo abandonan para morir, pero de repente se dan cuenta de que Aracelio tiene el único mapa con las instrucciones para llegar a la fortaleza de la Candelaria. En la Candelaria no sólo hay la comida del enemigo, sino que también la foraleza representa un microcosmo de la isla de Cuba; es decir, quien tenga el mapa controla el futuro del país (Taylor, "Framing" 85). El mapa, objeto banal, llega a ser el elemento fundamental en la obra porque "es la fuga del mapa, la búsqueda del mapa y el conflicto sobre el mapa lo que mantiene la tensión dramática," pero al final de la obra el mapa no es tan relevante; existe "como elemento para dar unidad central a la acción" (Woodyard, "Comentario" 6):

> Ángel: ¡Terrible, viejo! (*Pausa larga.*) Sin Aracelio y sin ese documento estamos varados . . .
>
> Leonel: (*Interrumpiendo.*) ¡Toca a fondo! ¡Di la verdad! (*Otro tono.*) Nosotros sabemos de buena tinta que el General Suárez se lo entregó, en plena batalla, antes de que cayera muerto de un balazo en el pecho. (*Rápido. Otro tono.*) ¡Datos que interesan a todos . . . ! (*Otro tono.*) Lo tremendo fue por tratar de salvarlo, Aracelio recibió cuatro balazos en una pierna . . . (13)

Como en muchas de las obras anteriores de Triana, también en *Ceremonial* existe este elemento del ritual, o ceremonia que emplea el uso de juegos, manipulaciones, y deshonra, "todos los elementos que encubren la verdad" (Woodyard, "Comentario" 6). Como aspecto importante de *Ceremonial* es el proceso de cambio, se nota un cambio no sólo en la obra sino también en la perspectiva de Triana. *La noche de los asesinos* ganó el premio Casa de las Américas en 1965, y solamente tres años después de ese éxito, Triana ya no se sentía atrapado dentro de la Revolución, sino fuera de ella, marginado dentro de la sociedad en que vivía (Taylor, "Framing" 86). Taylor afirma que hasta su exilio en 1980, Triana, como el soldado herido de *Ceremonial*, se sentía abandonado por su país.

Triana propone que cada persona tiene que buscar su propia verdad dentro de la Revolución, y lo que es para uno no lo es necesariamente para otro. Al final de *Ceremonial*, Carlos afirma que la Revolución es el elemento fundamental:

> Carlos: Cuando vine y te vi y empecé a oírte: 'A mí la verdad . . . la verdad . . . Sobre todo la verdad . . .' [. . .] No obstante, ahora, en este mismo instante, te puedo decir, sin que me quede nada por dentro, que he comprendido. Tu verdad y mi mentira . . . Sueños, sueños . . . (*Pausa. Otro tono.*) ¡Quizás sea una exageración! (*Otro tono. Firme.*) La Revolución es lo que permanece. (58)

Como Lalo en *La noche de los asesinos*, Aracelio es un ser atrapado, sufriendo de su pesadilla que es la vida. La posición de Triana es una en que el revolucionario individual es fundamental a la Revolución, el individuo está fuera de la Revolución, porque los soldados no quieren al hombre, sino el mapa (Taylor, "Framing" 87). Es decir, opina Taylor, que el éxito de la Revolución depende de objetos, y los individuos, como Aracelio, son prescindibles (87).

Uno de los epígrafes que precede el drama viene de Miguel Hernández y dice: "Yo me digo: si el mundo es teatro, si la revolución es carne de teatro, procuremos que el teatro, y por consiguiente la revolución, sean ejemplares, y tal vez, conseguiremos entre todos que el mundo también lo sea" (9). Esta cita afirma los vínculos que ve Triana entre revolución y teatro, que la revolución en sí es una forma de teatro, o ceremonial. ¿Pero dónde están los parámetros? ¿Dónde empieza el teatro y dónde termina la revolución, y hasta qué punto se relaciona con la Revolución? A diferencia del mapa, que objeto fijo, la Revolución no ofreció la posibilidad de flexibilidad, y mientras los mapas nos informan cómo llegar a otro lugar, la Revolución no logró llegar al próximo paso para el mejoramiento del país. Aracelio Fonseca, como Triana, se encuentra moral y mentalmente paralizado ante la Revolución, luchando con su obligación "ante la ética autoritaria de la Revolución, que acepta el engaño, la cobardía, y los intereses bastardos para alcanzar sus objetivos (Montes Huidobro, "Ética" 50).

Triana *es* Aracelio después de la recepción de *La noche de los asesinos* en Cuba, llena de desilusión y abandono. Triana fue este hombre marginado y alienado de su sociedad; en vez de volver para recogerlo, Triana decidió exiliarse. Al final de *Ceremonial*, la ceremonia ha parado:

Aracelio: Me pides mucho.

Carlos: Quiero que seas quien eres.

Aracelio: Algo ha muerto en mí.

Carlos: Quiero que te levantes sobre tu propio cadáver.

Aracelio: Demasiado tarde. Ellos . . .

Carlos: *(Rápido.)* Estoy hablando por ti.

Aracelio: ¿Por mí?

Carlos: Sí, por tus intereses. Soy tu amigo.

Aracelio: Pero quieres entregarme.

Carlos: Cabeciduro, obstinado.

Aracelio: Me perderás.

Carlos: No entiendes.

Aracelio: Soy otro, otro . . .

Carlos: ¡Hemos hablado en balde! Has vencido mi paciencia. (58-9)

Aracelio afirma, "Soy otro, otro . . ." y con eso quiere decir que la guerra lo ha cambiado para siempre y no puede volver atrás para ser el hombre que era antes. Triana, al igual de Aracelio, siente que algo ha muerto dentro de ellos que no se puede reemplazar.

C. Palabras comunes

Escrito entre los años 1979-80, *Palabras comunes* fue estrenado bajo el título *Worlds Apart* por la Royal Shakespeare Company de Londres en 1986, y se inspiró en la novela de Miguel de Carrión, *Las honradas* (1917). *Las honradas*, narrada en primera persona, inspira el tono autobiográfico de *Palabras* comunes "al introducir en el texto un largo "flash-back" de los recuerdos de Victoria" (Escarpanter, "Introducción" 11). Como *Revolico en el Campo de Marte*, *Palabras comunes* tiene un gran número de personajes, y la acción transcurre entre los años 1894 y 1914. *Palabras* desarrolla la situación insegura e inestable de la mujer cubana en los inicios republicanos, "sujeta a las normas inflexibles de aquella sociedad patriarchal; pero también ofrece un amplio fresco de la corrupción política de la época, que en cierto modo sirve para explicar algunos sucesos de la historia futura de la isla" (Escarpanter, "Introducción" 11).

El drama empieza con una escena retrospectiva de Victoria, la protagonista, y después la acción vuelve al punto de partida "con la repetición íntegra de la escena inicial en una estructura circular que refuerza las ideas centrales de la pieza, pero que también deja entrever, de modo muy sutil, una brecha de esperanza" (Escarpanter, "Introducción" 12). La primera versión del drama, titulada *Diálogo de mujeres,* se desarrolló en la versión final del drama, *Palabras,* con cinco partes compuestas de escenas, que ayudan con la fluidez de la obra al leerla.

Como *La noche de los asesinos*, el conflicto tiene que ver con los hijos contra los padres, "del orden contra el caos, de la libertad contra la represión—sea ésta sexual, sicológica o política" (Nigro, "Orden" 65). Sin embargo, en *Noche*, los padres nunca aparecen físicamente, sino que afectan a los hijos sicológicamente, mientras que en *Palabras*, los padres tienen una parte active en la vida de los hijos. Cada personaje es parte de un todo que contribuye a la eficacia de la obra en su totalidad. *Palabras* es un estudio de las relaciones familiares de una familia de clase media en sus tiempos de crisis, y resulta imposible mantener el orden. Como *La noche de los asesinos*, *Palabras* presenta a tres hermanos, Victoria, Alicia y Gastón, en busca de su propia identidad a lo largo de veinte años. Mientras ellos tratan de desenmarañar sus propias vidas, fuera de la casa también existe un mundo de caos cuando Cuba pasa de las manos españolas a las norteamericanas, y se nota la oposición de la inestabilidad del mundo interior en contraste con la del mundo exterior.

El propósito del drama, como *La noche de los asesinos,* es que los personajes busquen un orden, una identidad, una limpieza que les sirva para reenforzar su propia realidad. Tanto *Palabras* como *Noche* lleva el mismo mensaje:

> la idea de que Cuba y los cubanos se mueven como en un vaivén entre lo rígidamente represivo y lo explosivamente caótico, que no conocen el término medio, sino sólo los extremos del comportamiento humano. Imponen o demandan la 'limpieza' exterior, tanto en la conducta social como en la política.(Nigro, "Orden" 68)

Palabras también emplea el uso del juego circular que no logra soluciones, sino que será el principio del fin que sigue repitiéndose. Como *Noche,* *Palabras* tiene una estructura circular, ya que la obra termina con la misma escena. Victoria, una mujer de 30 años, entra en escena y se sienta en una poltrona. La obra empieza:

(*Victoria entra a escena. Se quita el sombrero y el velo. Su rostro expresa cierta exaltación y trastorno. Se deja caer en una poltrona situada en el primer plano del escenario. Al fondo se escuchan las voces de Carmen y Juanita.*)

Carmen: Una mujer honrada, lo que se llama una mujer honrada es incapaz de hacer lo que hace Teresa . . .

Juanita: ¡Pero los tiempos cambian, Carmen!

Carmen: ¡No! ¡Me niego, Juanita! ¡Me niego!

Juanita: Tus intransigencias las llevas a un punto . . .

Carmen: ¡ Así es, quieras o no! (121)

La primera escena sigue con la entrada de la hija de Victoria, Adriana; le pregunta a su mamá si está enferma y pide permiso para jugar con sus amiguitas, y Victoria responde, "Ve, hija, ve" (121). Después Victoria dice:

Victoria: (*Suspira. Con angustia y sarcasmo.*) ¡Seguiré siendo una mujer honrada! Sombra de sombras. ¡Ah, estoy vieja, estoy gorda, estoy cansada! . . . ¡Uf, qué calor! . . . ¡Esto es un horno! (*Pausa breve. Desesperada.*) Orden y limpieza . . . , ¿dónde? ¿Dónde? (*Otro tono.*) ¡No! ¡No! ¡No! (*Feroz.*) ¡Las honradas, qué horror! (122)

La última escena de la obra es igual a la primera, hasta el final:

(Los cantos se intensifican. La oscuridad es casi total. Se oye la voz de Carmen, en un susurro.)

Carmen: (*En un susurro.*) Victoria, Victoria . . . (*Otro tono.*) ¡Qué oscuro está esto! Da grima . . . (*Golpea los muebles con un bastón.*) ¿Dónde estás? ¿Qué haces ahí, hija mía? (*Pausa.*)

Victoria: Soñaba, mamá.

Carmen: ¿Soñabas? (*Pausa. Se sienta.*) A veces yo también sueño. (257)

Como los hijos de *Noche,* Victoria sueña de una vida mejor, una vida de libertad, donde las fantasías puedan ser la realidad. La obra termina con el mismo coro de niñas cantando afuera, y "cada generación se repite el mismo patrón, y así, empieza y termina *Palabras,* con el idéntico juego de niños, primero con la generación de Victoria y años después, con la de su hijita, Adriana" (Nigro, "Orden" 69). Entre estas dos escenas, que sirven como los puntos de partida para la obra, se cuenta la historia de la vida de Victoria, sus tragedias y triunfos como mujer cubana, y la de su familia.

Las historias de estos tres hijos de Carmen, Victoria, Alicia, y Gastón, son tan complicadas como las de los hermanos de *Noche.* Entre los años de 1894 y 1914, el estado le confisca sus tierras; Alicia, la mayor, se casa con José Ignacio, un militar egoísta que le transmite una enfermedad venérea; Victoria se casa pero no puede hacer el acto sexual con su esposo hasta que tuvo una relación engañosa con otro hombre. Victoria ve a un joven negro que se desnuda ante ella, y así le despierta un terror sexual y exitación a la vez. El juego racial que propone Triana es evidente con esta experiencia de Victoria, que no sabe cómo reaccionar ante el mulato, y sigue viéndolo negro en sus sueños. Lo que le preocupa a Victoria es que sea una mujer honrada y limpia, y en la primera escena del drama cuando Carmen dice: "Una mujer honrada, lo que se llama una mujer honrada es incapaz de hacer lo que hace Teresa" (120); refiere al hecho de que Teresa tuvo aventuras sexuales, y ahora es lo que ha hecho Victoria con el mulato. Durante esta época en Cuba, existía un "double stan-dard;" es decir, ciertas cosas que fueron aceptables para los hombres no lo fueron para las mujeres. José Ignacio, por ejemplo, "dueño de un burdel, le pasa a su esposa una enfermedad venérea que la deja siempre más debilitada" (Woodyard, "Ciclos" 177).

A diferencia de sus hermanas, Gastón deja a su familia y Cuba para vivir con su esposa francesa. "Como otra generación de los hermanos de *Noche,* Gastón es el Lalo que sí puede abrir la puerta para conseguir su propia libertad en vez de quedarse encerrado:

> Gastón: Antes yo era hijo de papá que . . . , ¡bueno . . . , bastante turbio y dudoso políticamente . . . , sin ningún antecedente revolucionario . . . , sino todo lo contrario! Pero, en fin . . . La República no alimenta la cizaña [. . .] Yo sé que mamá presionaba a José Ignacio y éste, por medio de Menéndez, a otros y a otros . . . Para ella es una afrenta . . . Sin embargo, mi felicidad es esa vituperable bailarina, Gracielita. Por eso hemos decidido marcharnos . . . (234-5)

Triana *es* Gastón, dejando su país natal para tener la posiblidad de una vida mejor en Francia. Nigro afirma que mientras Lalo, Cuca y Beba no pueden salir de su cárcel/ sótano/desván, los personajes de *Palabras* se encierran en "el refugio de la locura, de la enfermedad, de la parálisis, de la droga o del alcohol" ("Orden" 72). Es todavía una especie de prisión, una prisión más psicológica que física. Existe la posiblidad de ciclos eternos, como en *Noche*, ya que la obra termina donde empezó. En Cuba, con el caos fuera de las casas, cuando Cuba pasaba por una crisis política con varios líderes, españoles y después norteamericanos, era imposible mantener el orden dentro de la casa.

Se nota en *Revolico en el Campo de Marte, Ceremonial de guerra,* y *Palabras comunes* el cambio dentro de la trayectoria ideológica de Triana. Cuando sale de Cuba, Triana se da cuenta que ya no hay nada más que puede hacer por su país, y el país ya no le ofrece nada tampoco. Sobre el hecho de que Gastón es capaz de abrir la puerta y salir, Triana dice, "El que quiere vivir auténticamente se tiene que ir del país, y no se sabe a dónde va . . ." (Taylor, "Entrevista" 123). Triana escribe sus obras de transición porque le encanta escribir; no las escribió para ser famoso ni para ganar el respeto de la gente; las escribió para él mismo. En estas obras el lector experimenta con Triana esos años que condujeron a su punto de ruptura con su país; es obvio con los títulos de las obras, *Revolico en el Campo de Marte, Ceremonial de guerra,* y *Palabras comunes*, que Triana ha llegado a la conclusión que la Revolución fue un ridículo, un mar de desilusión. Para el gobierno, quizás fue una especie de ceremonia, y las palabras comunes dirigidas a la gente no son más que palabras sin acciones. Para Triana, la Revolución fue exactamente eso: palabras sin resultados. *Revolico en el Campo de Marte, Ceremonial de guerra,* y *Palabras comunes* representan bien el esfuerzo de Triana para hacer frente a la dura realidad de los sueños perdidos de su país, y la decisión irrevocable de huir en busca de un sueño suyo y propio, un sueño con la posibilidad de ser realidad.

Capítulo IV

Las Obras de José Triana desde el Exilio

José Triana se exilió a París después de una lucha psicológica y emocional que duró muchos años en Cuba. Esta decisión no fue fácil para el dramaturgo, pero por fin se dio cuenta de que nada cambiaba en Cuba, y ya era hora de irse. Sin embargo, desde París Triana sigue escribiendo sobre su país natal. La memoria le sirve a Triana como instrumento fundamental en la escritura, y con su memoria Triana logra comunicar la complejidad de la historia cubana. Está claro que desde el extranjero Triana todavía se identifica con el cubano y sus luchas internas y nacionales, y afirma que a él le encanta su país, "con su alegría, con su tristeza, con su nostalgia, con su melancolía, con esa parte oscura y siniestra que no sabemos qué cosa es, de dónde viene pero en la que uno fácilmente cae, un desorden de algún modo espiritual (Vasserot, "Siempre" 41). Triana todavía guarda rencor contra el gobierno de su país, y se nota eso en sus obras más recientes; los sentimientos amargos sobresalen de sus obras tanto como en las anteriores. Al exiliarse, Triana tuvo que reevaluar tanto su pasado como su presente, y preguntarse qué iba a hacer con su vida fuera de toda familiaridad.

Triana siguió escribiendo porque es parte de su alma, y es su sustento para la vida. Su escritura viene de su corazón y sus memorias de Cuba, y eso es lo que atrae al lector/espectador. Su casa en París *es* de cierto modo como estar en Cuba; se habla español allí, y además tiene fotos de sus amigos cubanos, como Piñera, por todas partes. El arte que cubre las paredes es principalmente cubano y aún se come la comida cubana.

43

A. Cruzando El Puente

Escrito en 1991, *Cruzando el puente* es el único monólogo publicado de Triana; el otro se llamaba *La casa ardiendo*, una obra de que ni conserva el mismo Triana una copia. Publicada en 1993 en *Latin American Theatre Review, Cruzando el puente* tiene que ver con la lucha no sólo física sino también psicológica, de un solo personaje, Heriberto Fonseca. Como relato, *Cruzando* se diferencia bastante del teatro y de la poética de Triana:

> Pero en *Cruzando el puente* me vi con la necesidad personal de realizar un acto teatral que incluyera lo narrativo. Se trata de un monólogo en que hay momentos casi narrativos. Esa experiencia me lleva a ejercitar al lector que soy de novelas, cuentos, relatos: eso me apasiona. A finales de los 70 hice la adaptación de la novela de Miguel de Carrión [. . .] Naturalmente era una búsqueda. Luego viene *Cruzando el puente* e inmediatamente se me aparece cierta claridad sobre cómo abordar lo narrativo. (Vasserot, "Siempre" 34-5)

Esta cita le ayuda al lector a entender cómo empezó Triana a tener interés en el relato, y por qué no fue hasta la década de los noventa que se manifiesta ese interés en su dramaturgia.

En el drama, Heriberto "entra a escena muy seguro de sí mismo, toma los manubrios del carromato, lo pasea y lo coloca, de acuerdo a las instrucciones del director. Comienza a colocar los muebles y utensilios en el escenario. Juego, destreza sueño" (60). La luz figura como elemento fundamental en la obra, y "puede considerarse un personaje, una energía activa que describe claras imágenes concretas" (59). Es interesante que Triana haya escogido un nombre específico, Heriberto, en vez de usar personajes anónimos, como en *Ahí están los tarahumaras*, y Triana propone el uso de un nombre popular; en Cuba, hay muchos Heribertos:

> Heriberto es la locura nuestra cubana. Heriberto Fonseca, que se enlaza con otro personaje de la obra *Ceremonial de guerra*, Aracelio Fonseca. Hay algún enlace mental que los unifique. Este hombre que lucha en la tierra, en el campo, y éste que está en la ciudad, viendo su propia fantasmagoría. Es una obra muy difícil de montar . . . el actor necesita ser seductor, como Robert DeNiro o Al Pacino. (Shoaf, "Entrevista")

Tanto Aracelio como Heriberto está perdido psicológicamente, y se enlaza en una lucha para definirse y dar control y forma a la vida. Ninguno de los hombres sigue al grupo y ambos están solos, sin madre patria.

Heriberto siempre habla "al público", para incorporar al lector/espectador, y para incluirlo y hacerlo participar en la acción de la obra. Sin público no hay teatro, y Triana afirma que *Cruzando* es una obra que sería difícil de montar porque Heriberto es "un personaje muy difícil; primero, tiene que parecer miserable pero algo en su cara es tan agradable, tan simpático, que seduce al público. Es una obra para conversar con el público [. . .] Hay que seducir al público. No podemos vivir de espaldas al público" (Shoaf, "Entrevista").

El hecho de que la obra es un monólogo es significativo porque comunica esta angustia interna del hombre, lo que está sufriendo, y el lector/espectador se enfoca en sus acciones y en sus palabras, porque los pensamientos de Heriberto *son* la obra. Heriberto está solo, sin esposa ni madre:

> Mujer no tengo . . . , es un decir . . . fija, permanente, la que lava los calzoncillos, y te zurce las medias y te pone los botones de las camisas y te prepara la comida, el baño y te calienta la cama . . . ¡Eso no! Cuestión de carácter . . . Que uno nació para enfaldado y otro para libre . . . (*Otro tono.*) Mientras mi madre vivía, que Dios la tenga en su gloria, que no ha habido, ni hay, ni habrá mujer más santa que ésa . . . (62)

La falta de madre para Heriberto simboliza la falta de una madre patria, y el dolor que siente al tener que cruzar el puente. El acto de estrangular a la mujer es una metáfora para su patria, para Cuba, y rompe sus lazos con su país: "Yo me inspiro a medias. La miro a los ojos. Ella me dice— Hay que ir a buscar el pan para el desayuno. Me inclino y la beso tiernamente, y la estrangulo. (*Pausa.*) No tuvo tiempo a defenderse" (83). Heriberto afirma con este acto que ya no puede vivir en Cuba, que tiene que salir para salvarse, y el puente sirve como metáfora para la transición emocional por la cual pasa Heriberto. Triana observó sobre esta interpretación: "Es posible. Yo no te puedo decir honestamente, pero es una interpretación válida [. . .] la necesidad de matar lo que uno ama . . . " (Shoaf, "Entrevista").

El acto de cruzar el puente es un acto bastante difícil, tanto para Heriberto como para Triana, y significa que está listo para explorar el mundo que está al otro lado del puente. Al cruzar un puente, se cruza sobre una masa de agua, como el Caribe que rodea la isla de Cuba, y Heriberto, como Triana, ha tomado la decisión de salir de Cuba para siempre. Triana reevalúa la esencia y el éxito de la Revolución cubana, y la transición desde un lado hacia otro; es decir, ser "anti-revolucionario" en vez de "revolucionario." El puente es el vínculo entre dos puntos geográficos, mientras que en la Revolución se trata de dos ideologías políticas:

> Heriberto: Esos que te prometen villas y castillas, esos que te dicen que el mundo va a cambiar, son peores que éstos que ya son unos degenerados . . . ¡Vivir para ver y ver para creer, compadre! ¡Quién lo hubiera sabido! . . . ¡Estamos en la más absoluta calamidad y con la soga al cuello! ¡Estamos no, andamos en un solo caballo, andamos no, nos hundimos! (65)

Heriberto puede ser la voz de Triana, declarando que la Revolución hizo promesas nunca cumplidas, y que los cambios para una vida mejor nunca se realizaron. Heriberto aún considera la locura de cruzar el puente, y que al cruzar, no se puede volver:

> Pasó por mi lado, rozándome casi el hombro, en su papelito de distraído. Pasó, yo lo dejé pasar . . . , y ya había dado unos cuantos pasos hacia adelante, cuando, de pronto, se vuelve y me dice:—Si usted se empeña, voy con usted, pero le recuerdo que es una locura cruzar el puente a estas horas . . . , el calor raja las piedras, y es un peligro . . . — ¿Cruzar el puente? ¿Qué puente, ni que niño muerto?, le dije fuera de mis casillas. ¿Quién es usted? (72)

Heriberto afirma que hay que seguir adelante, a pesar del precio: "Luz y progreso, hermanos míos . . . " (77) y dice que "me siento mal. Mal . . . sin salida" (81). Triana ha encontrado su salida, pero todavía mantiene vínculos emocionales con su país, evidentes por sus obras más recientes que se tratan de la realidad cubana.

Durante la Revolución, en cuanto a los miles de desaparecidos, el gobierno nunca vio nada, ni sabía nada, pero la gente cubana sabía que detrás del orden fingido existía el terror. En *Cruzando,* Heriberto afirma: "Usted tiene una puerta. Otra aquí. Otra un poco más acá. Otra un poquito más allá. Y una, ahí, intermedia . . . Todas esas puertas dan a un mismo laberinto. Pero, ¿qué quiere decir todo esto? . . . Porque yo me devano los sesos" (87). Triana termina con la pregunta incontestable, pero propone con que sí existen puertas, y si uno puede desenredar los laberintos, hay salida. La esencia de *Cruzando el puente,* y la esencia principal del teatro de Triana, es que nos demos cuenta de que hay temor en la libertad. El teatro de Triana nos hace pensar en la Revolución de otra manera, y sus obras exploran la condición humana y la comunicación decreciente entre los seres humanos.

Cruzando el puente es de suma importancia porque es la primera obra que escribe Triana desde el exilio. Esta obra afirma las dificultades que conlleva el romper los vínculos con el país natal, y "cruzar el puente." Según Raffo, un exiliado "es alguien que abandona su país en un acto en el cual juega, en mayor o menor medida, su voluntad y la presión de una grave amenaza que reconoce una causa política" (20). Raffo sigue señalando que el exiliado piensa que algún día regresará a su país, y mientras tanto, sobrevive los años del destierro "observando con ansiedad la Patria distante" (20). Sin embargo, Triana no tiene planes de regresar a Cuba para vivir; es decir, después de cruzar el puente, ya no existe la posibilidad de regreso. Es como si el puente fuera destruído para no poder volver jamás. Triana decidió abandonar a su país físicamente por los presos políticos dentro de Cuba, pero no ha abandonado a su país culturalmente. Su casa en París es de alguna manera Cuba, y todavía una parte de su corazón se queda allí. Al exiliarse, escapó del terror y del caos de su país y, al cruzar el puente, Triana se salvó la vida.

B. La Fiesta o Comedia para un delirio

Triana acota un epígrafe de Lope de Vega en *La Fiesta:* "Lo trágico y lo cómico mezclados," una cita que describe perfectamente la obra. Como "homenaje al teatro popular cubano" (Vasserot, "Siempre" 37), Triana afirma que *La Fiesta* es "una hermosa obra que ha sido mirada injustamente [. . .] (Vasserot, "Siempre" 37). Con nueve personajes, *La Fiesta,* parecida a *La noche de los asesinos*, es una obra que se enfoca en un juego, y la línea entre la realidad y la fantasía. En las observaciones generales que preceden la obra, Triana acota:

> El texto, por momentos, debe ser cantado y bailado sin ninguna reserva, tal era lo habitual en el teatro bufo y vernáculo. A la vez se puede utilizar en el canto el método de los travestidos. La obra es un juego de disfraces. (220)

La Fiesta es la única obra de Triana en que él incluye una introducción de este tipo, que le ayuda al lector a entender cómo se debe leer la obra, y qué importancia tiene la música en la lectura.

Para los personajes, la fiesta es el rito, mientras que para los personajes de *Noche,* el rito es el acto simulado de asesinar. Al empezar *Le Fiesta,* Johnny dice: "¡Esto me parece un sueño! . . . O que estoy en las nubes, en la estratosfera . . . ¡Váyase a la puñeta, el muy . . . ! En otras palabras . . . " (221). Los personajes crean su propio pánico interno, como muchos personajes de Triana, para olvidar y escapar de su realidad dura y trágica. Se nota la técnica del teatro del absurdo con el uso del juego y la mezcla de lo serio con lo cómico:

Johnny: (*Lastimero, entrando en una broma.*) ¡Ay, mundo cruel! ¡Sombras en torno sólo veo! ¿Es este mi destino? . . . ¡Virgen y mártir, moriré! (224)

Este drama, situado en Miami, explora las relaciones familiares entre Gerardo y Laura, su hija Rosi y el novio americano de Rosi, Johnny. La fiesta es el entretenimiento para la familia:

Laura: (*Exasperada, exaltada. A Gerardo y al público.*) ¡Oye, oigan! ¡El colmo del desafío! Tal parece que la estamos matando . . . ¡Qué bárbara! ¡Qué salación! Rosi: ¡Ayúdame, padre, en mi desamparo! . . . ¡Muero, muero! . . . Me arrancaré el corazón y se lo echaré a los perros . . . en un collar de lágrimas . . .

Gerardo: Niña, ese es un melodramón, o un *soap opera.* ¿Estoy soñando?

Laura: ¡Qué imaginación! ¡Un despropósito continuo! (226-7)

La familia sigue con el juego de disfraces para burlarse de la política, y se nota la confusión de ellos en cuanto a cuál idioma deben hablar; es decir, están en el proceso de buscar su propia identidad. ¿Son cubanos o son norteamericanos? Amelita le dice a Gerardo: "No deseas oír la realidad . . . , siempre con la conciencia sucia" (231). La realidad es la política, y Doña Pepilla dice que "la política es siempre una enfermedad" (236). Triana afirma que *La Fiesta* es una comedia, y yo le pregunté si en su opinión las comedias cubrían la realidad dura; es decir, "la enfermedad política," y Triana dijo:

Vamos a tomar un caso contemporáneo, que a ustedes les toca muchísimo. El problema de Clinton. ¿No te parece que es una comedia? ¿Qué importancia tiene la relación de esta señora con él? Qué cosa . . . es el primer país del mundo, y esta historia no tiene importancia. ¿A quién importa? ¿Cómo puede la política usar una cosa tan banal? Es una comedia desastrosa porque puede afectar mucho a la sociedad. Hacer una fiesta es tratar de tomar una cerveza con alguien y conversar. (Shoaf, "Entrevista")

Al final del primer acto, el hecho de hacer una cosa tan simple como una fiesta ha llegado a ser una decisión democrática, una opción que no existía en Cuba:

Gerardo: Hablando democráticamente, estamos de acuerdo en que debemos hacer la fiesta. (*Voces desde diferentes lugares: ¡Sí! ¡No¡ ¡No¡ ¡Sí!*) ¡Pónganse de acuerdo! (*Silencio absoluto.*) Por   favor, expresen sus opiniones. (*Silencio absoluto.*) ¡Vamos, ánimo! Por allí, a ver . . . [. . .] con la contribución de cientos y cientos de hombres hemos construído un sueño, no . . . no es perfecto, lejos de ello, queda mucho por hacer . . . y seguiremos luchando y creando . . . creando y luchando. Apliquemos esa lección en este sitio. Hay quienes construyen. Hay quienes destruyen. Ustedes lo saben. Seamos de los primeros. Y veremos la fiesta, nuestra fiesta. (239)

La familia contempla el por qué de la fiesta, porque no hay "ningún cumpleaños ni santo. Tampoco una fecha patriótica ni religiosa" (239), y deciden instalar una avioneta "en el centro del salón de baile," como "señal de nuestro progreso." (240). Triana afirma que la avioneta:

es una caricatura del progreso. Esta obra sale porque yo fui a Miami y me encontré con el mismo fenómeno que había encontrado en Cuba, de la gente que hace fiestas extraordinarias. La obra es el ridículo que hacen los hombres. Recuerda que en todas mis obras hay un doloroso sentimiento, como nuestra estupidez de crear cosas tan monstuosas. Todos tienen un constante, como el hombre es capaz de crear estúpidamente las cosas. (Shoaf, "Entrevista")

Triana enfatiza lo ridículo de esta familia, planeando una fiesta como si fuera algo tan importante como una decisión del gobierno. La familia ha elevado la fiesta al nivel donde deben estar las decisiones más significantes de ellos. La felicidad y la vida de esta familia depende ahora de una cosa tan banal como una fiesta, y Laura, la esposa de Gerardo, se da cuenta de eso:

Laura: ¡Ese discurso, Dios mío! No puedo creerlo! Sí, querido, pura demagogia! ¡Que lo hayas dicho tan campante! (*Lo imita o trata de hacerlo.*) "¡Ejem, ejem! . . . Hablando democráticamente . . . la fiesta! [. . .] Hay quienes construyen. Hay quienes destruyen." (*Otro tono.*) ¿Tú crees que las cosas, el mundo, es blanco sobre negro? ¿O negro sobre blanco? ¡Y ese tono, Dios mío! No es juego, ni una manera estúpida de dramatizar . . . (242)

Es obvio que Gerardo ha basado su vida en las ilusiones de una fiesta, de una representación, y afirma él: "¡Estoy en un callejón sin salida!" (255).

Al final del drama, todos están vestidos de fiesta: Johnny vestido de frac, Laura vestida de la Reina Madre, y Don Benito vestido en un traje de Cardenal. A través de sus personajes, Triana implementa ciertas observaciones sobre la Revolución y su opinión de ella; Don Benito dice:

Mi mujer dice que la política es la culpable . . . y yo digo que no, que la política es un modo de entenderse . . . lo que pasa es que si se usa como medio de explotación, y para exprimirte, pues, bueno, se va a la catástrofe . . . Lo que pasó en nuestra tierra, con el hombre de las barbas, como dice Gerardo. (270)

Triana tenía esperanzas para la Revolución, y creía que tenía intenciones buenas, pero después de veinte años sin cambios, se dio cuenta de que nada iba a cambiar. Así que no se debe culpar a la política específicamente, sino a las intenciones que tiene sobre el país, y al hombre encargado que dirige la "fiesta." Esta familia está ahora en un país que sí hace las cosas democráticamente:

Don Benito: ¡Estamos en un país democrático, vivimos en una democracia! ¡O es que tú te has inventado una nueva democracia como el hombre de las barbas! (272)

Aunque Don Benito no menciona a Castro, es evidente que la "nueva democracia" que propuso no funcionó. La Revolución, para muchos, no ha sido nada más que una fiesta, un "ceremonial de guerra," o un "revolico." Pero el juego circular no termina, y la gente seguirá haciendo el ridículo de las fiestas.

Exiliarse no es sólo un movimiento físico, sino también espiritual y emocional. Es casi imposible asignar una definición a la palabra exilio, debido al hecho de que depende de las circunstancias individuales del emigrado. Sin embargo, está claro que cada ser humano está afectado por el destierro, porque las creencias religiosas del hombre se formularon como resultado del exilio. Raffo observa que:

> los mensajes de la humanidad vinieron del exilio: los creadores de las grandes religiones, Moisés, Cristo, Mahoma, Buda, todos fueron obligados a penetrar primero en el silencio del desierto, lejos de los hombres, antes de pronunciar su palabra decisiva. (140)

Dentro del proceso histórico del hombre, el exilio ha afectado a todos, y "es el punto de partida en la evolución de la creencia religiosa y el origen de toda la moralidad sectaria a través de la cual vive el individuo actual" (Williams 11). Las precocupaciones del hombre moderno en su contexto social le forzaron a usar el exilio como motivo para partir de su propio país. Triana, en su exilio, vive rodeado por su mundo consciente del presente, y su mundo inconsciente, dirigido por su pasado cubano. La casa de Triana, aún en París, es parecida a Cuba; por el arte, la música, sus amigos, y la comida, el exilio de Triana resulta distinto a lo de otros exiliados, que dejan no sólo físicamente del país sino también emocionalmente, se distancian lo relacionado con su país. En *La Fiesta,* la propia fiesta es el exilio para la familia; es su manera de escape, que es distinta de la manera de otros personajes de Triana. Por eso es bastante difícil definir el exilio; es un fenómeno que a veces ni puede explicar el emigrado.

C. Ahí están los Tarahumaras

Escrito en 1993 y publicado en *Puente Libre* del mismo año, *Ahí están los tarahumaras* es una obra en un acto, con dos personajes anónimos, Él y Ella. Parecido a las obras absurdas como *El cepillo de dientes*, de Jorge Díaz, o *Dos viejos pánicos* de Virgilio Piñera, *Ahí están los tarahumaras* se trata del rito absurdo de dos personas atrapadas en su propio mundo. "El escenario es un cementerio de muebles rotos, de objetos inservibles y de fragmentos de monigotes o de monigotes inconclusos, creando una atmósfera especial. En algún momento debe crearse, por medio de la luz, la imagen de una pecera" (22). También Triana acota la importancia del sonido de agua, que contribuye a la imagen de la pecera. Esta atmósfera surreal es la escena ideal para la situación de Él y Ella:

Él: (*Abandona las cartas de la baraja.*) ¡Y si ahora te dijera que ahí
están los tarahumaras! ¡Ahí! Los siento, desde que me levanto hasta
que me acuesto, y aun entre los sueños se me aparecen . . . Tú piensas
que es un capricho . . .

Ella: (*Rápido.*) ¡Un juego!

Él: *(Rápido.)* ¡No, no estoy jugando! (24)

Es interesante que Triana escoja usar los tarahumaras, una tribu de la
familia uto-azteca, que habita un paraje de la Sierra Madre occidental, en
el extremo suroeste del estado de Chihuahua, porque, con la excepción
de un antropólogo, nadie sabría quién era la tribu. Triana dijo:

> Los tarahumaras para mí es una de las tribus misteriosas que existen en
> América, que son el signo para mí de aquello inaccesible, que es ter-
> rible también, misterioso, que no lo conocemos, que no llegamos nunca
> a conocerlo. Fíjate que los que forman esta tribu son personas que viven
> aisladas prácticamente. Ellos tienen un universo propio de ellos. El
> mundo de los tarahumaras es muy propio, vienen siendo como creadores
> de una civilización ya perdida pero todavía queda en las ruinas de ellos.
> Por eso los tarahumaras, aquello no conocido, lo misterioso, lo que
> puede ser terrible por un momento. (Shoaf, "Entrevista")

Existen unos 42,000 miembros de esta tribu en el México actual; es una
tribu aislada, que no tiene que ver ni tiene interés en la sociedad
contemporánea. *Ahí están los tarahumaras* es sin duda un alarido para
una salida del mundo de terror en que viven los personajes. Como Adán
y Eva, están en el paraíso, pero se pierden, y Triana afirma que esta
interpretación es válida. Triana desarrolla sus personajes cuidadosamente,
y existen vínculos entre ellos también:

> En todas esas obras desarrollo mi concepción de lo que son la sociedad
> y la familia cubana. Si tú coges a Higinio y si coges al personaje ab-
> stracto de *Ahí están los tarahumaras,* te das cuenta de que es una misma
> línea, el mismo desajuste del hombre y la misma postura de la
> mujer. Elisiria y Ella, el otro personaje de *Ahí están los tarahumaras,*
> están enlazadas. Es el mismo personaje que encuentras en Cuca y en
> las hermanas de *Palabras comunes.* (Vasserot, "Siempre" 39)

Como la relación entre Heriberto de *Cruzando el puente* y Aracelio de
Ceremonial de guerra, se nota que los personajes de Triana tienen más
en común que ser personajes en un drama escrito por el mismo autor;
están luchando contra una fuerza más grande de lo que pueden imaginar,
la de la ilusión y el engaño. El personaje "Él" pregunta:

> ¿Es que existe una inteligencia superior a nosotros que ha determinado
> o determina nuestros gestos, nuestros actos, nuestras palabras? Si es
> así, entonces, es el silencio . . . , debo aceptarlo todo. [. . .] ¿Por qué
> no construimos un monigote a nuestro gusto? ¿Por qué no? . . . Otros
> han soñado un hombre nuevo. El hombre perfecto. Una maquinaria
> perfecta. De una perfección admirable . . . Ahí están los libros. Miles
> y miles de libros hablan de lo mismo. Científicamente, sistemáticamente.
> Y otros, otros . . . El sueño de Frankenstein. La Eva futura, Locus
> Solus y el robot . . . Y nadie ha dado pie con bola. Después de
> interminables y laboriosas buscas en los laboratorios y en la alquimia,
> nadie, nadie . . . ¿Por qué nosotros no lo intentamos? El perfecto
> monigote. Como un acto de magia. (28)

En el epígrafe que precede la obra, Triana acota una cita de Frankenstein:
"Los hombres somos seres incompletos." Este epígrafe que sirve de base
de inspiración para la obra también articula el tema principal de la pieza.
Él y Ella, seres que viven dentro de esta imagen de la pecera, son gente
rodeada de agua, atrapada, como la gente cubana atrapada en la isla,
siempre mirando lo que está afuera, pero sin poder salir para
experimentarlo. Ellos se dan cuenta que sus vidas son inútiles, y para
completarse, para que no sean seres incompletos, tratan de construir un
monigote perfecto. Triana plantea:

> Y además ellos están inventando. Quieren hacer un muñeco que no sea
> el hombre. No podemos crear algo más de lo que somos; todo lo demás
> va a ser un fracaso. Frankenstein, por ejemplo . . . todo es una búsqueda
> del hombre, que inevitablemente lo llevan al fracaso porque el hombre
> es superior a todos ellos. (Shoaf, "Entrevista")

Como se creó a Frankenstein sin saber qué tipo de monstruo sería, también
Él y Ella no anticiparon el terror que les esperaba al tratar de construir
algo que no era hombre, ni parte de ellos. Los que se quedaban en Cuba
se dieron cuenta de que eran como los corderos sacrificados, porque el
goberino los sacrificaba. Él dice:

Y pensé que existía un culpable, y había que atajarlo a tiempo, porque si no, la casa me caía encima, y los culpables eran los que estaban afuera, los vecinos. Eran ellos los que conspiraban, los que impedían que mi pensamiento, que mi obra se realizara. [. . .] Y me lancé en ese proyecto. Impecable, implacable. Todos son mis enemigos. Todos. Pero el peor enemigo lo tengo en casa, sí, lo sé . . . , lo descubrí un día, porque oí risitas y vocecitas entre dientes [. . .] Y me di a la tarea de mirar a mi alrededor . . . ¡Sí, eran ellos! Y no sé de qué modo, no cuándo ni por qué empezaron a tener una vida independiente. Hacen lo que les viene la gana. ¡Sí, parece increíble y ridículo! (29)

¿Puede ser que los "vecinos" de que habla Él son Los Estados Unidos, los "conspiradores?" O es que ¿son los propios cubanos, o los monigotes construídos por ellos mismos? ¿Es que Cuba tiene que librarse de la ideología soviética para regresar a lo esencial de ser cubano? Triana hace estas preguntas, y el lector siente el terror y miedo que sienten Él y Ella en su pecera de vidrio. Al final del drama, el miedo lo ha consumido a Él:

¡Ahí están! . . . Entre sueños me dicen . . . , que son ellos los tarahumaras, y cantan y bailan, con sus rostros pintarrejeados . . . Los veo, querido, desnudos . . . Ellos, estos monigotes . . . Con sus brazos colgantes, las bocas torcidas, los ojos hundidos, o fuera de las órbitas, a ratos sólo el tronco, o las piernas y el trono, sin cuellos ni cabezas ni caras, o cabezas rodando como pelotas enormes de baloncesto . . . , bailan y bailan y cantan, en el fondo del mar, alrededor de una hoguera que es una racha fosforescente de agua y neblina . . . , y estoy a sus albedríos, muy próximo al sacrificio . . . , mi tironean, me amarran a un palo, en una roca alta, me tiran lanzas . . . , me increpan, me insultan, me beben la sangre gota a gota, repiten mis gestos y discursos, pues fungen de vengados . . . , y oigo la turbulencia del agua . . . , el sonido que es un hueco de agua, un sonido hueco . . . , ahí están, ahí están . . . , y tengo miedo . . . (*Casi en un sollozo.*) ¡Tengo miedo! (30)

El lector puede imaginar el sonido fuerte del agua acercándose poco a poco, una ola de terror que nunca cesará. Estos monigotes quieren matar a Él y a Ella porque los tarahumaras representan la fuerza negativa de la sociedad contemporánea, que indudablemente conducirá al fracaso porque el hombre no puede crear algo que le sea superior. Triana termina el drama con una descripción de los monigontes: "El cementerio de muebles rotos y de objetos inservibles y de fragmentos de monigotes o de monigotes inconclusos se mueve amenazante y se eleva y forma poco a poco una danza en la luz del agua. Los personajes quieren salir de la pecera, y no pueden, aunque golpean ferozmente sus paredes" (31). Para Él y Ella, como para los hermanos de *Noche*, Higinio de *El Mayor General*, y los personajes de *La Fiesta*, no puede haber salida ni física ni psicológica de la opresión infinita.

Él y Ella están atrapados para no poder exiliarse, así que inventan juegos dentro de su mundo de la pecera. Ellos luchan contra la justicia, pero es una lucha de fracaso que puede resultar en la pérdida de su cordura y también esta lucha amenaza su identidad individual. A veces el destierro resulta, para el emigrado, en la pérdida del contexto social y contribuye a la desintegración personal. En el caso de Triana, él sigue manteniendo sus relaciones emocionales con Cuba, pero lo hace desde su casa en París. Sin embargo, el exilio rompe los vínculos que atan al individuo a su tierra natal y a su identidad (Williams 13).

D. El último día del verano

El último día del verano, escrito en 1994, es una de las dos obras más recientes de Triana que no ha sido publicado. Este drama expone "una imagen un poco amarga de lo que viví en los últimos años en Cuba" (Triana, Introducción), y explora cómo las diferentes generaciones perciben la Revolución. *El último día del verano* empieza con la anciana Adela, rasgando los papeles que lee:

> ¡Yo, la víctima! ¡Ayyyyy! . . . ¡Estoy hasta el último pelo! (*Rasga los papeles que leía. Se pone los lentes. Otro tono. Leyendo.*) "De la utilización del ser humano como hollejo de naranja" (*Rasga y tira los papeles en el montón.*) ¡Esto no tiene precio! . . . (*Lee con dificultad, los espejuelos se le caen de la nariz.*) "Ley del antídoto contra el diversionismo y las discusiones sísmicas" [. . .] ¡Ay, Valderrama, Valderrama, hijo de puta! . . . Aquí me tiene maniatada . . . , y que la mula aguante [. . .] Las letas del miedo [. . .] y conmigo no podrás. Ya me quité la venda de los ojos. Entre tú y yo, querido. Que nadie lo sepa. Haz con los otros lo que ellos te permiten. Yo seguiré en lo mío. (5)

Después de la Revolución, había tantas restricciones en la vida, y la vida fue tan regimentada, que alguna gente sentía que el gobierno controlaba todo. Adela rasga los papeles, y cuando lee "de la utilización del ser humano como hollejo de naranja," afirma que ya basta con este absurdez del control que tiene el gobierno sobre su vida, que no se puede vivir así.

Isa, la mujer joven, no se da cuenta de este control que tiene el gobierno, porque como joven, no tiene un punto de comparación; es decir, no cononce la Cuba pre-revolucionaria. Para ella, así siempre ha sido la vida, y no sabe otra manera de vivir. Isa tiene interés en el día hermoso en vez de la política:

> Qué tarde más hermosa! Ha dejado de caer ese estúpido chinchín y el universo se vuelve una rosa o un jardín, y me da por recordar la aurora y el edén, al inicio, cuando el agua no es agua y el cielo no es cielo . . . (6)

Triana afirma que Adela es "una vieja gruñona," (Shoaf, "Entrevista") en contraste con Isa, quien "unifica el mundo disperso, desarbolado loco, de los personajes. Ella va como unificándolos. La narración que ella hace de haber visto el cuerpo despedazado . . . y que lo va unificando" (Shoaf, "Entrevista). Adela es dura porque los años de la Revolución la hicieron así, y conoce la realidad severa y violenta de ser cubana durante esa época. Isa, la idealista, tiene dificultad en distinguir entre los sueños y la realidad: "Me cuesta trabajo distinguir lo uno de lo otro" (7). Adela cree que ha gastado tantos años de su vida, especialmente los revolucionarios, y ella, como Triana, esperaba, creía en la Revolución al principio, pero esta esperanza se llevó cuando Adela se dio cuenta que nada iba a cambiar en su país: "Cuarenta años de mi vida malgastada, perdida, por ese . . . canalla, por ese bribón . . . ¡o treinta y cinco! . . . Una suma impresionante" (7). Isa no la cree: "¡Cuarenta! ¡Treinticinco años!¡Parece mentira! . . . " (8). Adela declara que creía:

> ¡En él! ¡En su palabra! ¡En lo que hacía! . . . *(Pausa.)* Hablaba de que debíamos sacrificarnos, que debíamos estar en carne viva, que la vida es sacrificio, que no nos lamentáramos, que miráramos hacia adentro, que otros pueblos, que en la Conchinchina, y en el África, y que teníamos el honor de tenerlo a él . . . , y que él nos daba la dignidad que nos faltaba, que nosotros, miserables de nosotros . . . , y nos ponía a recoger tomates y papas y naranjas y limones y el diablo colorado . . . , que de nuestro sacrificio dependía del futuro. [. . .] "Ley contra la estridencia de los grillos impertinentes en la época del colonialismo y del imperialismo salvaje. Cláusulas sobre el desenvolvimiento masivo y de la orquestración arbitraria." (8)

Adela representa los millones de seres humanos que fueron víctimas de la dictadura de Castro, y las promesas que hizo, animando a su gente a sacrificarse. Aunque Triana no menciona a Castro, está claro que la figura de Valderrama, la figura totalitaria, es el alter-ego de Castro. Triana afirma que todavía "existen los pequeños alter-egos de Castro en la isla" (Shoaf, "Entrevista"). Al leer las palabras de Adela, el lector se da cuenta de la verdadera tristeza en su corazón, y lo difícil que era para los cubanos, como Triana, que sacrificaron tanto para nada. Los jóvenes ahora en la isla, como Isa, no tienen ninguna idea de cómo era la vida antes de Castro, o antes de la dictadura, así que para ellos la vida de tiranía es lo normal porque tienen la ventaja de no tener las memorias que tuvieron los mayores.

Pascual, el anciano enérgico, afirma: "En aquella época Valderrama prometía que las cosas iban a cambiar, ¡total no era a sus expensas!, lo [sic] otros, este y el otro y el de allá, pagaban . . . [. . .] La única guerra que conozco es la de Valderrama. La guerra que él se inventó y en la que supongo estuve" (10-11). Es interesante que Jorge, ni adolescente ni hombre, también tiene este miedo de los mayores, porque recuerda un poco de su niñez:

> Por las noches me despierto sudando, acosando de sombras y papeles, la casa en la oscuridad se ilumina de repente, y debo levantarme, no puedo continuar sintiendo el furor de las sábanas arañándome los pies, y al levantar la cabeza puedo oír el seco sonido de la manecilla de la puerta, y te siento detrás, ardiendo fiebre, oh, Dios, es horrible, y el suelo se estremece y gime [. . .] ¡Estoy harto! ¡Maldito sea este trabajo! ¡Maldito sea vivir aquí! Una perrera, Ali Babá y la cueva de los ladrones, o peor, peor . . . (15)

El último día del verano es el retrato más duro y violento de la Revolución en la dramaturgia de Triana. El hecho de que escribe una obra así, desde París y después de su exilio, muestra que todavía guarda rencor y resentimiento contra el gobierno de su país. Triana, mientras estaba en Cuba, sacrificó mucho por su país, como todos los cubanos, y después de *La noche de los asesinos*, la gente se volvió en contra de él, diciendo que *Noche* era una obra anti-revolucionaria, aunque Triana declara que no fue así. *El último día del verano* afirma que la Revolución fue como el último día del verano, un día, o en el caso de la Revolución, una época, en que la gente siente nostalgia por lo que ya pasó; en este caso, los años antes de Castro. Triana muestra en este drama el fracaso brutal de la Revolución, y la broma severa que era para la gente. Las vidas de la gente que se quedó en la isla ya son irrecuperables, y no tienen la libertad de escoger la senda de sus vidas. Cuando los mayores eran jóvenes y decidieron no salir de la isla, tenían esperanzas, y esta esperanza pronto se convirtió en un darse cuenta de que el agua estancada que les rodeaba también les atrapó. Los sacrificios que hizo la gente, primariamente el sacrificio de quedarse en la isla, quedaron sin recompensa.

Graciela, la hermana de Jorge, afirma, "Jamás encontrarás una respuesta, son miles y miles, hasta el aburrimiento . . . De mi abuela, a mi padre y a la parentela, siempre diferentes razones, es decir, no hay ninguna . . . " (16). Graciela propone que el gobierno no dé respuestas a las preguntas, ni dé razones por los cuales no hay cambios para mejorar la vida cubana. Como los hermanos de *La noche de los asesinos* o Él y Ella de *Ahí están los tarahumaras,* no hay salida ni escape, y Pascual declara: "¡Por el momento no tenemos ninguna salida! Con él hubiéramos podido jugar y entretenernos y pasar el tiempo y hacer que Valderrama, de a poquito, se evapore de nuestras vidas . . . " (20). Adela dice: "Mirándolo bien, rasgar papeles es tal vez rasgar sueños [. . .] ¡Enfréntate a los hechos!" (18). Los hechos son que las vidas de la gente cubana van cayéndose a pedazos. Sin embargo, Isa cree que la gente inventa los problemas del país:

> Ah, esta gente . . . ¡No los entiendo! Tratan por todos los medios de resolver, el problema, el problema . . . , inventar, inventar boberías, con tal de soslayar la responsabilidad, no, no quieren la cara en el espejo, y si es posible inventan también el miedo, y el problema continúa fijo y es una pirámide. Miedo al miedo. Miedo del miedo. Porque no hacen lo que deben hacer, porque el canalla que llevan dentro los ciega y les gusta a fin de cuentas arriesgar poco o nada. Buscan falsas consolaciones y se convencen de la poquita cosa y de lo pobrecito que son y que es un horrible peso que los aniquila, ay, sí, y que los compadezcan, ah, eso muy importante, que los compadezcan . . . (21)

La mentalidad de la generación joven es una más idealista, e Isa piensa que todos los problemas son inventados por la propia gente; es como si alguien le hubiera lavado el cerebro para pensar que Castro, o Valderrama, tiene el mejor interés de la gente en su corazón. La gente no sólo está atrapada en la isla sino que también está atrapada dentro de sí misma.

Cada persona crea y *es* su propio mundo. En este último día del verano, los personajes de la obra son como Él y Ella de *Ahí están los tarahumaras*, en el sentido de la imagen del agua que les rodea:

Jorge: El mar hoy está tranquilo.

Graciela: En esta época, querido, las algas se pegan a los arrecifes. Parecen lapas.

Jorge: Cuando niños jugábamos con los monigotes de arena.

Graciela: Ay, hermano, hace tanto de eso.

Jorge: *(Con una sonrisa triste.)* ¡Sí, es cierto! . . . Envejecemos.

Graciela: El último día del verano. (23)

Triana afirma que "ahí me falta" (Shoaf, "Entrevista"), en cuanto a las relaciones entre los ancianos del drama:

Es una obra en que a mí me pasa una cosa, que yo todavía no tengo muy claro dos de los personajes, los hermanos. Los hermanos me resultan demasiado líricos. No quisiera que fueran tan líricos, quisiera que fueran más humanos, y que no se convirtieran . . . tiene que haber una serie de soluciones que todavía no he encontrado. Pero yo dejo la obra tal como es. (Shoaf, "Entrevista")

Pascual, quizás como la voz de Triana, afirma:

Conocemos la historia, la hemos vivido, hemos dejado nuestros pellejos, nuestros rencores . . . , hemos estado metidos hasta el tuétano, y eso impide que veamos claro, porque es tanta la costra, es tanto el ruido que nos carcome, oh, dios mío, infamia tras infamia [. . .] y yo en la pura pendencia, era demasiado joven y no es una disculpa . . . , y hablaban que el mundo se cambiaba de golpe y porrazo, por la voluntad de unos cuantos . . . , y todo se producía en las palabras y se derretía en la noche, y no había campo entre uno y otro, entre el cielo y la tierra y yo oía con los ojos, señor, y ahí, me ve usted, encarrillado también, de apaleando arena y escombros a empuñar un rifle de pirata, largo trecho vale . . . (26-7)

Pascual propone que la Revolución fue simplemente palabras sin acciones, y Triana por fin se escapó de la pesadilla. Las promesas empañaron la visión que tenía la gente de la Revolución, y además, la gente *quería* creer que las promesas se harían realidad.

Pascual mira la Revolución como un juego al imitar la voz de la autoridad: "No nos va a pasar nada, y saldremos ganando, verás" (27). Igual a los otros personajes de Triana, se ve aquí la metáfora de la Revolución como un juego circular que se repite infinitamente: "¡Estábamos en guerra y nuestros enemigos eran los que no pensaban como nosotros!" (28). Pascual propone que los enemigos, los Estados Unidos, no les ayudaba, y "nosotros éramos héroes por su divina voluntad" (28). Además, Adela dice, al seguir rasgando sus papeles: "¡Terminar, terminar, aunque vuelva a empezar en lo mismo! [. . .] Ay, Valderrama, en qué trampa nos has metido, en qué trampa, que es el cuento de siempre empezar . . . Ay, Valderrama, qué tristeza esta vida, qué tristeza sin fin . . . , y sin recompensa" (28). Las palabras no llevan ningún poder cuando no las sigue acción ni cambio. La gente tiene que permanecer y apoyarse, y en esta obra Triana acota varias veces, y de hecho es la última acotación de él, "Óyese el lloro de un recién nacido," (30) señalando que aunque la vida sigue con otra generación, el país sigue igual; "¡un delirio circular en el que el mundo se vuelve una esfera sagrada!" (el personaje de Estrada 31). Los sueños perdidos de la generación mayor serán los sueños perdidos de las generaciones que siguen. Adela dice: "Valderrama, no eres tú solo, soy yo también . . . , y así ligados, esclavos de nuestra propia esclavitud, ajenos, indiferentes a los otros, esos, los que nos rodean y sólo ven escombros y esperpentos en nosotros" (33). Adela quiere decir que el gobierno tiene que darse cuenta de que no son sólo ellos que viven en este país; la gente cubana *es* el país también, y deben de tener una voz en vez de ser títeres para la dictadura. El discurso final de Estrada muestra su angustia y su desilusión frente su país:

¡Abran las puertas! ¡Que me ahogo! [. . .] ¡Maldita raza nuestra! ¡Cobardes! ¡Agazapados siempre! [. . .] Una isla asaltada por tiburones. *(Sonríe débilmente. Pausa.)* Fui capaz de negarme a mí mismo. [. . .] *(Seguro, riéndose, al público.)* ¡Valderrama es un mequetrefe en nuestras manos! Él nos insultó el odio, sí, pero él ignoraba que se encadenaba a nosotros, y era un perrito falder, y, sin saberlo, nos devolvía la libertad de acción . . . *(Pausa.)* ¡Nada ni nadie puede detenerme! ¡Sigue, sigue maldito odio! ¡Sigue! ¡Divide y reina! . . . ¡Sigue, horadando, quemando,

triducidando! ¡Sigue! ¡Un inocente, una víctima! ¡Un héroe! ¡El acto
de limpieza y que crezca este infierno! (34-5)

Triana, como el personaje de Estrada, no se detiene ante nada. En la nota
para la puesta en escena, Triana acota, "Luego la arena se torna negra y
el mar el rojo [. . .] Estas observaciones son variables de acuerdo a la
idea del director de escena. Es él quien junto a los actores conjura la
autenticidad y existencia de esta tragedia de la incomunicabilidad y el
vacío" (36). Triana afirma que es una tragedia; el rojo del agua con la
sangre de la guerra, el negro de la arena para comunicar la oscuridad del
país, no sólo la falta de luz pero también la visión desilusionada de la
gente. La Revolución es como el último día del verano, un ceremonial de
guerra, una noche de los asesinos, una fiesta, un revolico, unas palabras
comunes; es decir, una tragedia llena de sueños perdidos.

Raffo dice que la palabra "exilio" viene de "ex solum," que significa
estar arrancado del lugar que nos originó. Se vincula con "exsilio,"
que viene de "ex" y "salio," y que significa "lanzarse fuera de," "salir
saltando," "saltar de" (19). Sobre su propia experiencia en el exilio
argentino dice: "Y el exilio es todo eso, es un estar arrancado del suelo
patrio, es el haberse lanzado fuera y el haber salido saltando" (19). Parece
que Triana no fue "arrancado" de su país natal, sino que él decidió que
era hora de irse, debido a las circunstancias no cambiantes.

Triana no se exilió para un día regresar a Cuba para vivir; a diferencia
de muchos exiliados, las circunstancias fueron tales que le resultaría
imposible volver. En *El última día del verano,* Triana examina de nuevo
el contexto de la Revolución de la década de los sesenta, y muestra que el
desterrado se encuentra envuelto en un presente gobernado por el pasado
de sufrimiento paralizado. Es cierto que Triana vive en un mundo de
nostalgia, y sueña de un futuro ideal para su país que no vendrá. Al
empezar la Revolución, Triana vivía una realidad domindada por una
esperanza sin límites, y ahora de vez en cuando su realidad diaria produce una cierta nostalgia hacia el pasado.

E. *La Muerte del Ñeque* (segunda versión)

Escrita en 1996 en París, y la otra obra de Triana que no ha sido publicada,
la segunda versión de *La Muerte del Ñeque* se concentra menos en lo
sicológico y más en la violencia. Tanto la primera versión de la obra,

escrita en 1963, como la segunda versión trata de la década de los cincuenta, la época de Batista, y Triana, en ambas obras, mantiene su interés con la historia cubana. Para el autor, explorar el pasado es la mejor manera de entenderla, y los personajes nos ayudan a explorar el pasado nacional de Cuba. La violencia que se percibe en la sicología cubana no la podía expresar Triana al escribir la primera versión del drama:

> Lo que pasa con *La Muerte del Ñeque* es que es una pieza muy violenta, algo que no estaba dicho en Cuba. Es un hombre que se casa con una prostituta, y la saca del prostíbulo y la lleva a vivir en una casa, y después se da cuenta ella que lo que él ha hecho ha sido cambiarla de lugar pero que el prostíbulo es el mismo. El mundo interno es lo mismo. Y eso no lo podía decir en Cuba. (Shoaf, "Entrevista")

Es decir, no importaba dónde estaba la mujer, Blanca Estela, porque Cuba misma era el prostíbulo, la trampa sin salida. Triana no tomó mucho tiempo en re-escribir la obra, porque "ya la tenía clara en la cabeza," (Shoaf, "Entrevista") y sabía lo que quería decir. Sus observaciones que vienen de vivir en Francia le ayudó a Triana con la re-rescritura:

> En *La Muerte del Ñeque,* los personajes se exacerban. Uno trata de mitologizar al otro, mientras se mitifican a sí mismos. Esto es una observación que debo a los años que he vivido en Francia. Aquí encuentro el mismo fenómeno pero de una manera más vaga, más excepcional. Sin embargo en Cuba te lo encuentras a patadas. La obra ha ganado porque no me he vuelto a perder en lo sicológico como en la versión inicial. (Vasserot, "Siempre" 33-4)

En la segunda versión de la obra, hay escenas que no aparecen en la primera. Por ejemplo, Juan, Pepe y Ñico, los miembros del coro, hablan de Blanca Estela cuando ella llegó a la casa de Hilario:

Ñico: Qué mujer, consort.

Pepe: ¿No la habías visto antes?

Ñico: ¿Yo? Naturalmente que sí. ¿Acaso vivo en la Conchinchina? [. . .] Qué clase de hembra.

Juan: Ahora no es la sombra. (*Sonríe maliciosamente.*) Ah, en su época de gloria . . . Cuando desembarcó aquí. (*En otro tono.*) Un espectáculo. Y con el cambio de pelucas, la rubia, la colorada y la negra . . . , o la anarajada, o la marrón. Tú nunca sabías quién era la que tenías delante. A veces, un esperpento, te lo juro, y su apodo define el percal. (*Tono especial.*) Rita La Millonaria.

Pepe: ¿Rita? . . . ¿Y por qué?

Juan: ¡El nombre de guerra, socio! [. . .] Y lo de la Millonaria por la cantidad de trapos y de plumas y de joyas de la calidad. En eso no ha variado. Genio y figura hasta la sepultura. ¡Es un fenómeno! (no hay páginas numeradas en la segunda versión)

Esta misma escena es menos detallada en la versión inicial:

Ñico: Qué mujer, consorte.

Pepe: ¿No la habías visto antes?

Ñico: ¿Yo? Naturalmente que sí. ¿Acaso vivo en la Conchinchina? Qué clase de hembra.

Juan: Ah, pero eso no es nada. En sus buenos tiempos . . . Cuando llegó aquí. (*En otro tono.*) Ahora no es ni la sombra. Había que verla. ¿Sabes cómo le decían? (*Tono especial.*) Millonaria.

Pepe: ¿Y eso?

Juan: Por la cantidad de trapos que se ponía y la calidad. En eso sigue igualita. Es unfenómeno. (30-1)

En la segunda versión de *La Muerte del Ñeque*, el coro es más vulgar y violento, pero también le provee al lector la información necesaria para entender la senda de la acción.

Triana empieza el segundo acto con una escena entre Berta y su abuela Cachita, una escena que no aparece en la versión inicial hasta después de la discusión del coro, y la conversación entre abuela y nieta lleva una nota más severa:

Cachita: (*Tono suave al público.*) Ay, hija, la vida siempre le ofrece una oportunidad. [. . .] Berta, búscame que me encuentras. Los límites son los límites [. . .]

Triana hace una comparación de Hilario con el diablo, comparación que no entra en la primera versión, e inserta una escena nueva entre Pablo, Cachita, Blanca Estela y Berta en que Blanca Estela describe detalladamente su vida con Hilario a Pablo, el hijo de Hilario:

> No lo tomes a lo trágico. La comida se enfrió. Me pasé la primera noche aguardándote, y como imaginé que tu padre y la fiesta no pegaban con cola me metí en la cama y me quedé embelesada. Era y no era un sueño. Las imágenes corrían presurosas, entrecortadas, a hachazos. Tu padre venía de un viaje, largo, muy largo. Había ido a conquistar un país, y no recuerdo su nombre. Venía con el torso desnudo cubierto de cicatrices espantosas, yo las sobajeaba y me ardían los dedos.

Como en la primera versión del drama, Hilario no aparece hasta el tercer acto, y en una conversación entre él y Blanca Estela, ella afirma que: "No hay peor aburrimiento que el saber que no se tiene que hacer ningún esfuerzo por algo y, por otra parte, a ese aburrimiento lo acosa un estado de ferocidad, ¿me entiendes?" Nada la satisface y se aburre al no hacer esfuerzo para obtener lo que quiere. La historia de los enemigos, Hilario, el padre de Pablo, y el padre de Juvencio, es la misma, pero en la segunda versión Triana describe la lucha por el poder dentro de la cual se enfrascaron ellos. Es la historia de "el amigo que se convirtió en enemigo," que es la historia de Cuba, sobre "el miedo de perder el poder." Blanca Estela le dice a Hilario:

> Y en el juego del poder, unos pocos lo usufructan [sic] y el resto lo sueña; y aún los que lo usufructan [sic], en definitiva, acarician una fantasmagoría, porque todo se disloca en llegado un instante, porque se vuelve los fragmentos de una alfombra o de una lámpara de cristales relucientes, pedazos, ruinas, ecos . . . , tal vez un simulacro . . . , o un puñado de escarcha que al apretarla se desvanece entre tus dedos.

Triana explora más la relación entre Hilario y Blanca Estela, algo que no se desarrolla tanto en la versión inicial, pero es importante que el lector sepa del horror del prostíbulo de Blanca Estela, y cómo ahora es la vida de ella e Hilario. Ella haría cualquier cosa por él, mientras para él ella no es nada más que un premio ganado; Blanca Estela dice: "Estoy harta, agobiada, de que nos gobierne el crimen . . . ¿Por qué tengo que estar condenada a una vida que no me pertenece?" Ésa es la pregunta de los cubanos; esta vida dictatorial no les pertenece, pero ellos, como Blanca Estela, no tienen opción. Blanca Estela se da cuenta de que sea el prostíbulo o sea la casa de Hilario, ella es víctima de la represión; no existe una manera de evadirla. Al final de la obra, como en la primera versión, el coro mata a Hilario violentamente, pero esta vez Ñico pregunta, "¿Y si después vienen a juzgarnos?" El miedo sobresale de esta obra más que en la primera; el miedo de Blanca Estela, de Hilario, y del coro. Hilario, al morir, dice, "Rita," en vez de "Blanca Estela," como en la versión original. Ahora emplea el uso de su nombre en el prostíbulo, afirmando que realmente nunca había pensado que ella fuera más que una prostituta. Ambas obras terminan con el canto final del coro:

> Yo no sé lo que pasó.
> Yo no sé, yo no fui.
> Yo no tengo la culpita.
> Yo no sé, yo no fui.
> Yo no fui, yo no sé.
> Yo no sé lo que pasó.
> Yo no sé, yo no fui.
> Yo no fui, yo no sé.
> Y ella se quedó sola
> porque el pájaro voló.

El lector se da cuenta de que el coro no acepta la responsabilidad por el asesinato; no veían nada, no sabían lo que pasó. El gobierno cubano también parece ser ciego en cuanto a la vida de la gente de su país; no se da cuenta del miedo que tiene ni le importa. *La Muerte del Ñeque* es la muerte del miedo, la muerte de la represión que todavía existe en la isla; pero como el coro sigue repitiendo el estribillo en forma "maliciosa," no dejarán de existir el terror y la violencia de la gente cubana, dentro de su prostíbulo, rodeado por todos lados de agua.

Es obvio que el efecto del exilio se acentúa cuando el desterrado es un intelectual, como Triana, porque es un exiliado en su propio contexto social. Al empezar a escribir de nuevo en París, Triana tenía que encontrar una nueva perspectiva, y "afirmar su humanidad exiliada en contacto directo con la nueva cultura" (Williams 16). Además, su público durante la Revolución fue la gente cubana, así que ya no tiene para quién escribir; su realidad como él la conocía ha desaparecido. Triana tenía que cambiar su perspectiva creativa para seguir con su escritura; es decir, condicionar su obra para expresar sus sentimientos más íntimos, nostálgicos y resentidos (Williams 17). En la segunda versión de *La Muerte del Ñeque*, Triana ha condicionado la obra para su nueva circunstancia, la de la libertad total, en que se siente libre para escribir sobre la violencia de la Revolución de una manera más directa. Triana todavía escribe sobre Cuba, pero ahora, desde el exilio, él puede hablar directamente de la Revolución, en vez de referirse indirectamente a ella. Triana escribe sobre los asuntos que, para él, son los más íntimos de su experiencia del pasado para dar una significación a sus nuevas experiencias vitales. Sin embargo, él no cambia su enfoque literario; se ha adaptado a su nueva cultura pero expresa sus preocupaciones sobre la cultura e historia cubana. Triana, como muchos exiliados que siguen escribiendo, evoca literariamente el tiempo que perdió como afirmación de su vida entera. Raffo propone que la distancia favorece la observación de los grandes rasgos de los procesos sociales, porque la pérdida de los detalles está compensada por una compresión global diferente "del que suele imponerse en los análisis que se realizan simultáneamente con las urgencias de la acción cotidiana" (122). Señala Said: "Exile becomes the necessary pre-condition to a better state;" (52) es decir, el exilio es una experiencia que conserva cierta conciencia de la identidad personal y nacional. Triana no ha modificado el énfasis de sus obras; las exigencias de la realidad no cambian su perspectiva en cuanto a la Revolución. Para Triana, la Revolución no ha realizado nada. El exilio fue para Triana una decisión dominada por el deseo de seguir viviendo, el deseo de tener una vida llena otra vez de esperanza y libertad.

Capítulo V

Conclusiones

No se puede negar que José Triana escribe para contar la historia nacional de Cuba, pero se profundiza más en la vida de la gente, y cómo la Revolución la afectó, y la sigue afectando. Su teatro abre la conciencia de no sólo la gente cubana, sino también de la gente de todas partes del mundo. Sus obras se desarrollan en épocas diversas, sean las guerras de la Independencia, la época de Batista, o el presente, y los personajes sufren de una represión inescapable. La clave del teatro de Triana es que no sólo es la historia cubana, sino también la historia del ser humano, enfrascado en su vida dolorosa que a la vez es un juego circular. Triana escribe de lo que ha vivido, sea personalmente o en la imaginación, pero se trata de un proceso evolutivo del ser humano; Cuba todavía está en el proceso de buscar su propia identidad. Además, Triana siempre ha trabajado con "la memoria [. . .] es algo que conforma nuestra historia" (Vasserot, "Siempre" 35).

El teatro de Triana es, para él, un proceso de identificación que siempre se está desarrollando; la capacidad del cubano de identificarse y encontrar lo que es la esencia de *ser cubano*. Los personajes de los dramas de Triana son seres atrapados, buscando una manera de liberarse de esa represión, sin solución definitiva. Muchas veces su lucha es violenta o brutal, pero es parte de la sociedad dura que tienen que enfrentar.

Las obras revolucionarias de Triana, escritas durante la Revolución, son obras que interpretan la historia cubana de una manera única. *El Mayor General hablará de teogonía, Medea en el espejo, El Parque de la Fraternidad*, y *La Muerte del Ñeque* muestran la falta de comunicación

67

entre los seres humanos. Hay que recordar que Triana, al principio, tenía grandes esperanzas para la Revolución, y escribió estas obras durante esta época; es sin duda teatro politico: "el hombre es un *animal político*, entonces yo creo que mi obra es una obra política." (Vasserot, "Entrevista" 122) *El Mayor General* se sitúa durante la época de Machado, y Triana escribió la obra antes de que Castro asumiera el poder. Así que no entendía lo que le esperaba en el porvenir y, los personajes, al conspirar a asesinar al Mayor General, creen que asesinarlo les dará su libertad. Es una situación precaria porque tienen miedo de la libertad, pero a la vez la anhelan. *Medea en el espejo*, 1960, es también una búsqueda por la libertad por parte de María/Medea, y ella logra matar a sus hijos, a diferencia de los personajes de *El Mayor General*, que simplemente hablan de ello, y con ese acto de libertad busca su propio valor. La acción se sitúa durante la época de Batista, una etapa de barbarie política. Tanto *El Mayor General* como *Medea* son obras que tratan del *pasado cubano*, no el presente; es decir, el hecho de que Triana no escriba sobre la Revolución cubana, y escoja escribir sobre el pasado histórico corrupto de la isla, afirma que quizás exista una vida mejor para el futuro. No escribir sobre la Revolución indica posibilidades para ella. *El Parque de la Fraternidad*, publicada en 1962, trata de tres personajes anónimos que representan la sociedad cubana: el Niño, el Viejo y la Negra. El hecho de que Triana sitúa la acción de este drama "hace algunos años," indica que quizás ocurre durante los primeros años bajo Castro. El Viejo dice: "No existe la mañana. No existe el pasado. Tú y yo somos eternos en este *instante*" (107). Estos personaejs no se comunican, pero tratan de hacerlo, cada uno de su propia manera. El parque, que está en La Habana, es un marco histórico público, construído durante la época de Machado; Triana propone que tres personajes que representan la sociedad cubana, pueden reunirse allí para encontrar tranquilidad. *La Muerte del Ñeque*, como *El Mayor General, Medea, y El Parque*, trata del pasado nacional cubano, durante la época de Batista. El Ñeque aquí puede ser Batista, con su poder autoritario y actitud opresiva. Como la figura de Perico Piedra Fina en *Medea*, Hilario, el Ñeque, es un dictador sin misericordia. Triana propone que mediante el examen del pasado se puede mejor entender lo que es la esencia de ser cubano desde la independencia hasta el presente. En este drama, el coro asesina al Ñeque, pero como se verá en *La noche de los asesinos*, matar no significa necesariamente la libertad del pasado.

La noche de los asesinos fue un viraje decisivo para Triana; marca el triunfo internacional de su teatro. *Noche* tuvo un gran éxito en todas partes del mundo, pero también le causó muchos problemas a Triana. Mucha gente la interpretó como obra anti-revolucionaria, y eso tuvo consecuencias severas para el dramaturgo. Es interesante que las obras de Triana escritas durante la Revolución no traten de la Revolución de 1959, porque como los demás cubanos, Triana esperaba un gran cambio positivo para la isla: "me siento muy identificado con el cubano, con su máscara y su sombra" (Vasserot, "Siempre" 41). Triana, con sus obras revolucionarias, explora el pasado histórico nacional cubano, y allí empieza el proceso de identificación para el cubano.

Las obras de transición de Triana se enfocan también en la historia cubana, pero ahora con una perspectiva más amarga en su corazón. Después de haber vivido la fuerza de la Revolución, Triana escribe para sobrevivir, porque la escritura es parte de su alma. *Revolico en el Campo de Marte, Ceremonial de guerra,* y *Palabras comunes* son las obras transitorias que conducen al exilio del dramaturgo en 1980. Los títulos de las piezas muestran la actitud caprichosa e irónica que tiene Triana frente la Revolución: es un revolico, un ceremonial y palabras; es decir, un juego que nunca termina. Con *Revolico,* Triana afirma que todos llevamos máscaras, y decimos, sin pensar, lo que quiere escuchar la gente. Se nota el ambiente divertido de la obra, y el regreso a las comedias del Siglo de Oro español. Hay una falta de profundidad psicológica en la obra y también de la Revolución cubana, y los personajes se meten en juegos de baile, engaños y disfraces. *Ceremonial de guerra* muestra la importancia de los objetos, el mapa, para los soldados de la Guerra de la Independencia, pero eso se aplica también a los revolucionarios. El individuo ya no tiene relevancia, y la única razón por la que los soldados vuelven por Aracelio es porque él tiene lo que necesitan para seguir adelante: el mapa. Las cosas ahora son más importantes que los seres humanos, y *Ceremonial de guerra* es la pesadilla que tuvo Triana hecha real. *Palabras comunes* es la última obra transicional de Triana, y como sus otras obras, se trata del pasado; la acción ocurre entre los años 1894 y 1914. A diferencia de los hermanos en *La noche de los asesinos,* que no son capaces de abrir la puerta y salir, Gastón, el hermano de Victoria, sí abre la puerta y sale. Gastón es Triana, dejando para siempre su país. Se nota que Triana todavía no escribe directamente sobre la Revolución, pero con sus obras escritas desde el exilio, eso cambia.

Triana se exilia a París en 1980, y ese año marca para él el fin de la represión y el miedo; su salida a una vida mejor donde no existen estructuras rígidas. Su primera obra desde el exilio es *Cruzando el puente,*

1991, y trata de la dificultad de romper los vínculos con su país natal, pero la única manera de dejar el caos es cruzar el puente a la libertad. Triana ahora tiene libertad para escribir exactamente lo que quiere, sin castigo ni amenaza: "en estos últimos años lo que hago es inventarme" (Vasserot, "Siempre" 35). *Ahí estan los tarahumaras* y *La Fiesta* son obras que tratan de lo absurdo de la Revolución; dos personajes atrapados en una pecera, y la decisión de tener o no tener una cosa tan simple como una fiesta toma la forma de una lucha. *El último día del verano* habla directamente de la Revolución, y el impacto que tiene en las diferentes generaciones. También incluye Triana la figura de Valderrama, quizás el alter-ego de Castro, y los personajes discuten sus vidas dentro de la caja revolucionaria, y la imposibilidad de salir. Triana escoge escribir, aún desde el exilio, sobre Cuba, y se nota que todavía tiene sentimientos fuertes sobre ella. En su teatro, que es un viaje evolucionario por la historia cubana, Triana pasa por una transformación radical: desde la esperanza hasta la desilusión, y en medio llegó a su punto de ruptura cuando ya no podía más. Psicológicamente, Triana no ha podido escaparse de la Revolución, y su teatro paralela y explora la historia cubana. Durante nuestra charla, Triana me preguntó "¿Qué es lo que queremos con una transformación o una revolución; yo le respondí, "Un cambio," y él me dijo:

> Un cambio. Esta palabra "revolución" me molesta muchísimo, porque creo que es una traición a los principios de la verdadera transformación del hombre. Entonces, en realidad, en Cuba, no ha habido una revolución, ha habido un cambio. Ya punto. Los primeros años fueron años ilusorios. La realidad fue otra, la instalación de un poder omnímodo, en el cual estoy totalmente en desacuerdo.

Aunque en su teatro Triana vuelve a Cuba, le sería muy difícil volver: "Me va a ser muy difícil. No iría a vivir. No podía vivir en Cuba. La democracia tiene miles de problemas que no han resuelto, pero el hombre no ha pensado una cosa mejor que la otra" (Shoaf, "Entrevista").

Le fue imposible para Triana alcanzar su ideal en Cuba, y el exilio fue la mejor solución. Triana sigue siendo la conciencia expresiva del hombre cubano, y el exilio no ha cambiado su identidad como cubano. Triana sigue con la misma expresión literaria que todavía refleja las circunstancias tristes de la Revolución, y desde el exilio siente que puede contar la realidad inmediata de su tierra. Se nota una profundización de lo más íntimo del cubano en sus obras. Triana se ha integrado en su nueva situación y para él el destierro no le ha traído la angustia. La insistencia de escribir sobre el pasado nacional cubano, le permite reevaular distintos momentos de su evolución que determinaron su identidad como cubano y como ser humano.

El teatro de Triana lleva fragmentos de su alma, su vida y su memoria; es un teatro de la memoria, una historia del pasado. Tanto la ideología de su país como su propia ideología ha cambiado, y su teatro explora el cubano en su sentido más profundo; sus temores, sus alegrías, y sus luchas. El teatro de Triana empieza justo antes de la Revolución, y todavía sigue evolucionando. Sus primeras obras, *El Mayor General, El Parque de la Fraternidad, Medea en el espejo,* y *La Muerte del Ñeque* exploran la identidad del cubano. Son obras que examinan el pasado nacional de Cuba; el autor no hace referencia expresa a la Revolución y resiste comentarla. Con *La noche de los asesinos*, todo cambia para Triana, y la gente cubana empieza a desterrarlo dentro de su propio país. Quizás cansado de defenderse, escribió sus obras transcionales como manera de sobrevivir dentro de su cárcel figurativa. *Revolico en Campo de Marte* regresa a la técnica de los dramas del Siglo de Oro español, y *Ceremonial de guerra* refleja violentamente las guerras de la independencia. Es posibile, claro, proponer que se pueden aplicar las circunstancias de *Ceremonial* a la Revolución, y este hecho lo han comentado ya los críticos. *Palabras comunes* es su grito final; cuando Gastón sale para Europa para escaparse, también sale Triana. Muchas veces, las voces de los personajes pueden la voz de Triana; en *Cruzando el puente,* Heriberto, confundido y enojado, decide por fin cruzar el puente.

Desde el exilio, Triana ha podido explorar la libertad verdadera con sus obras, y sigue escribiendo sobre Cuba. Es como si no hubiera dicho todo lo que quería con sus obras escritas durante la Revolución; ahora tiene la oportunidad de hacer eso. *Ahí están los tarahumaras, La Fiesta, El último día del verano,* y *La Muerte del Ñeque,* tienen que ver con lo absurdo de la Revolución, y los ciclos violentos que siguen destruyendo a la gente. Para Triana, París no es una realidad transitoria; es su futuro. Como víctima de un régimen político, él tenía una responsabilidad hacia sí mismo para cambiar su futuro. El teatro de José Triana es una afirmación del proceso de identificación, y en las tres etapas de su teatro, sigue evolucionando y explorando a la gente y la historia de Cuba.

Bibliografía

Alba Buffill, Elio y Alberto Gutiérrez de la Solana. "The 1967 French Critical Reception of José Triana's *La noche de los asesinos.*" *Festschrift José Cid Peréz*. New York: Senda Nueva, 1981. 121-25.

Albuquerque, Severino João. *Violent Acts: A Study of Contemporary Latin American Theatre*. Detroit: Wayne State UP, 1991.

Álvarez-Borland, Isabel y David George. "*La noche de los asesinos:* Text, Staging, and Audience." *Latin American Theatre Review* 20.1 (1986): 37-48.

Arenal, Humberto. "El teatro cubano: ¿Crisis material o de valores?" *La Gaceta de Cuba* 11 (1990): 7-8.

Azor, Ileana. "Hacia una nueva época en el teatro cubano." *Gestos* 5.9 (1990): 135-39.

Barca, Calderón de la. *El gran teatro del mundo,* ed. John A. Allan y Domingo. Barcelona: Crítica, 1997.

Barreda, Pedro Manuel. "*Medea en el espejo*: Coralidad y poesía." *Palabras más que comunes: Ensayos sobre el teatro de José Triana*. Boulder: Society of Spanish and Spanish American Studies, 1994. 23-31.

Barranger, Milly S., ed. *Understanding Plays*. Boston: Allyn and Bacon, 1994.

Batista, Fulgencio. *Revolución social o política reformista*. La Habana: Prensa Indoamericana, 1944.

Beckett, Samuel. *Waiting for Godot*. New York: Grove Press, 1954.

Campa, Román de la. *José Triana: ritualización de la sociedad cubana*. Madrid: Ediciones Cedra, 1979.

Camus, Albert. *The Myth of Sisyphus*. Trans. Juston O'Brien. New York: Vintage Press, 1955.

Carlson, Marvin. *Theories of the Theatre: An Historical* and Critical Survey, from the Greeks to the Present. Ithaca: Cornell UP, 1984.

Casey, Calvert. "Teatro-61." *Casa de las Américas* (1962): 103-11.

Castro, Fidel. *Palabras a los intelectuales*. La Habana: Publicación del Ministerio de Relaciones Exteriores, 1961.

Coe, Richard. *Ionesco: A Study of his Plays*. London: Methuen, 1961.

Dauster, Frank. "The Game of Chance: The Theatre of José Triana." *Latin American Theatre Review* 3 (1969): 3-8.

———. "Cuban Drama Today." *Modern Drama* 9.2 (1966): 153-64.

———. "Hacia la historia del teatro hispanoamericano." *Latin American Theatre Review* 26 (1992-3): 9-15.

———. "Visión de la realidad en el teatro cubano." *Revista Iberoamericana* 56.152-53 (1990): 853-70.

Domenech, Ricardo. "Para una visión actual del teatro de los esperpentos." *Cuadernos Hispanoamericanos* 199-200 (1966): 455-66.

Escarpanter, José A. "Tres dramaturgos del inicio revolucionario: Abelardo Estorino, Anton Arrufat y José Triana." *Revista Iberoamericana* 56.152-53 (1990): 881-96.

———. "Imagen de Imagen: Entrevista con José Triana." *Palabras más que comunes: Ensayos sobre el teatro de José Triana.* Boulder: Society of Spanish and Spanish American Studies, 1994. 1-12.

———. "Introducción a *Palabras comunes.*" *Palabras comunes* París: n.p., 1986. 9-12.

Espinosa Domínguez, Carlos. "Teatristas latinoamericanos en escenarios cubanos." *Latin American Theatre Review* 12.24 (1984): 69-74.

Esslin, Martin. *The Theatre of the Absurd.* New York: Anchor Books, 1969.

Estorino, Abelardo. "Triana salva a los asesinos." *Unión* 4.3 (1965): 178-80.

———. "Destruir los fantasmas, los mitos de las relaciones familiares. Entrevista a Revuelta y Triana." *Conjunto* 4 (1967): 6-14.

Eyring Bixler, Jacqueline. "Games and Reality on the Latin American Stage." *Latin American Literary Review* 12.24 (1984): 22-35.

Fernández-Fernández, Ramiro. "Conversando con José Triana." *Románica* 16 (1979-80): 44.

———. *El teatro del absurdo de José Triana: Ensayo de narrotalogía greimasiana.* Boulder: Society of Spanish and Spanish American Studies, 1995.

———. "José Triana habla de su teatro." *Románica* 15 (1978-9): 33-45.

———. "José Triana's *The Criminals*: Ritual and Symbolic Efficacy in the Contemporary Latin-American Avant- Garde." *Mid-Hudson Language Studies* 8 (1985): 83-88.

Fromm, Erich. *Man For Himself.* New York: Fawcett Premier, 1975.

Frondizi, Silvio. *La Revolución Cubana: su significación histórica.* Montevideo: Editorial Ciencias Políticas, 1960.

Glukman, Marta. *Eugene Ionesco y su teatro*. San Francisco: Prensas de la Editorial Universitaria, 1965.

Gómez, Julio. "Un exorcismo liberador." *Teatro cubano contemporáneo*. Madrid: Sociedad Estatal Quinto Centenario, 1992. 707-13.

González, Edward. *Cuba Under Castro: The Limits of Charisma*. Boston: Houghton Mifflin, 1974.

González Freire, Natividad. "José Triana: el juego violento." *Teatro cubano*. La Habana: Ministerio de Relaciones Exteriores, 1961. 9-36.

Hansen, Joseph. *Dynamics of the Cuban Revolution*. New York: Pathfinder Press, 1978.

Holzapfel, Tamara. "Evolutionary Tendencies in Spanish American Absurd Theatre." *Latin American Theatre Review* (1980): 37-42.

Kozikowski, Thomas. "José Triana." *A Selection of Sketches from Contemporary Authors*. Ed. Bryan Ryan. Detroit: Gale Research, 1991. 461-62.

Kuritz, Paul. *The Making of Theatre History*. Englewood Cliffs: Prentice Hall, 1988.

Larson, Catherine. "Influence, Intertextuality, and their Impact on Latin American Drama." *Estreno* 18.1 (1992): 28-30.

Leal, Rine. *Breve historia del teatro cubano*. La Habana: Editorial Letras Cubanas, 1980.

———. "El nuevo rostro del teatro cubano." *La Gaceta de Cuba* 11 (1963): 10-15.

———. "Prólogo," *Teatro bufo: siglo XIX. Antología*. La Habana: Editorial Arte y Literatura, 1975.

Lima, Robert. "Elementos de la tragedia griega en las obras tempranas de José Triana." *Palabras más que comunes: Ensayos sobre el teatro de José Triana*. Boulder: Society of Spanish and Spanish American Studies, 1994. 13-22.

Lyday, Leon F. "De rebelión a morbosidad: juegos interpersonales en tres dramas hispanoamericanos." *Actas del Sexto Congreso Internacional de Hispanistas*. Toronto: University of Toronto, 1980. 485-86.

Meléndez, Priscilla. "El espacio dramático como signo: la autoconciencia del juego representacional en *La noche de los asesinos* de José Triana." *Latin American Theatre Review* 17.1 (1983): 108-25.

———. "Politicemos el humor y riámonos de la política: *Revolico en el Campo de Marte* de José Triana." *Gestos* 10.19 (1995): 133-7.

———. "Triana y la farsa esperpéntica." *Palabras más* que comunes: Ensayos críticos sobre el teatro de *José Triana*. Boulder: Society of Spanish and Spanish American Studies, 1994. 76-87.

Miranda, Julio E. "José Triana o el conflicto." *Cuadernos Hispanoamericanos* 230 (1969): 439-44.

———. "Sobre el nuevo teatro cubano." *Nueva literatura cubana*. Ed. Julio Miranda. Madrid: Taurus, 1971. 105- 15.

Montes Huidobro, Matías. "La ética histórica como acondicionadora de la acción en el teatro de José Triana." *Palabras más que comunes: Ensayos sobre el teatro de José Triana*. Boulder: Society of Spanish and Spanish American Studies, 1994. 41-52.

———. *Persona, vida y máscara en el teatro cubano*. Zaragoza: Ediciones Universal, 1973.

Murch, Anne C. "Genet-Triana-Kopit: Rituales 'Danse Macabre.'" *Modern Drama* 15.4 (1973): 369-81.

Nelson, Lowry. *Cuba: The Measure of a Revolution*. Minneapolis: University of Minnesota Press, 1972.

Nigro, Kirsten F. *"La noche de los asesinos*: Playscript and Stage Enactment." *Latin American Theatre Review* 11.1 (1977): 45-57.

————. "Orden, limpieza y palabras comunes: Otra vez, los juegos prohibidos." *Palabras más que comunes: Ensayos sobre el teatro de José Triana*. Boulder: Society of Spanish and Spanish American Studies, 1994. 53-64.

————, ed. *Palabras más que comunes: ensayos sobre el teatro de José Triana*. Boulder: Society of Spanish and Spanish American Studies, 1994.

Ortega, Julio. "La noche de los asesinos." *Cuadernos Americanos* 28.2 (1990): 262-67.

Palls, Terry. "El teatro del absurdo en Cuba: el compromiso artístico frente al compromiso político." *Latin American Theatre Review* (1978): 25-31.

————. "The Theatre of the Absurd in Cuba after 1959." *Latin American Literary Review* 4.7 (1975): 67-72.

Pérez, Guillermo G. *Stream of Shapes: Structure in Two Plays by José Triana*. Gainesville: University of Florida, 1983.

Periera, Teresinka. "La distribución, disposición y orden originales de los personajes en los ejercicios o juegos de actuación en *La noche de los asesinos* de José Triana." *Confluencia* 4.1 (1988): 143-47.

Piñera, Virgilio. "Notas sobre el teatro cubano." *Unión* 6.2 (1967): 130-42.

Pörtl, Klaus. "El teatro latinoamericano frente a los problemas y conflictos de la actualidad." *Inti* 21-23 (1985-86): 281-92.

Quackenbush, L. Howard. "The Legacy of Albee's *Who's Afraid of Virginia Woolf?* in the Spanish American Absurdist Theatre." *Revista Interamericana* 9 (1979-80): 58-71.

Quiroga, Alfredo. *La revolución cubana*. Barcelona: Editorial Bruguera, 1976.

Raffo, Julio C. *Meditación del exilio*. Buenos Aires: Nueva América, 1985.

Río, Marcela del. "*La noche de los asesinos* puesta por Juan José Gurrola." *Revista de Bellas Artes* 18 (1967): 85-86.

Said, Edward W. "The Mind of Winter: Reflections of Life in Exile." *Harpers* 269.1612 (1984): 49-55.

Schulz, Donald E., ed. *Cuba and the Future*. Westport: Greenwood, 1994.

Shoaf, Kristin E. "Entrevista personal con José Triana." 6 de octubre 1998. París, Francia.

Taylor, Diana,ed. *Ensayos críticos sobre Griselda Gambaro y José Triana*. Ottawa: Girol Books, 1989.

———. "Entrevista con José Triana." *Ensayos críticos sobre Griselda Gambaro y José Triana*. Ottawa: Girol Books, 1989. 115-23.

———. "Framing the Revolution: Triana's *La noche de los asesinos* and *Ceremonial de guerra*." *Latin American Theatre Review* 24.1 (1990): 81-91.

———. "Theatre and Revolution: José Triana." *Theatre of Crisis*. Ed. Diana Taylor. Lexington: UP Kentucky, 1991. 64-101.

Triana, José. *Ahí están los tarahumaras*. Encuentro 4/5 (1997): 21-31.

———. *Ceremonial de guerra*. Honolulu, HI: Serie Teatro, 1990.

———. *"Cruzando el puente."* Latin American Theatre Review (1993): 59-87.

———. *El mayor general hablará de teogonía.* en *José Triana, El parque de la Fraternidad.* La Habana: Ediciones Unión/Teatro 1962. 60-89.

———. *El último día del verano.* París: n.p., 1995.

———. *La Fiesta.* New York: *Ollantay*, 1992.

———. *Medea en el espejo.* en *José Triana, El parque de la Fraternidad.* La Habana: Ediciones Unión/Teatro 1962. 13-53.

———. *La Muerte del Ñeque.* La Habana: Ediciones Revolución, 1964.

———. *La Muerte del Ñeque.* París: n.p., 1996.

———. *La noche de los asesinos.* en *9 dramaturgos hispanoamericanos.* Eds. Frank Dauster, Leon Lyday, y George Woodyard. Ottawa: Girol Books, 1979. 136-201.

———. *El parque de la Fraternidad.* en *José Triana, El parque de la Fraternidad.* La Habana: Ediciones Unión/Teatro, 1962. 96-109.

———. *Palabras comunes.* París: n.p., 1986.

———. *"Revolico en el Campo de Marte."* Gestos 10.19 (1995): 139-205.

Valle-Inclán, Ramón de. *Luces de Bohemia.* Madrid: Espasa-Calpe, 1979.

Vasserot, Christilla. "Entrevista con José Triana." *Latin American Theatre Review* 29.1 (1995): 119-29.

———. "Siempre fui y seré un exiliado: José Triana Entrevisto." *Encuentro* (1997): 33-45.

Velarde, Juan Carlos. *La crueldad y el horror en el teatro de Valle-Inclán.* n.p., 1986.

Williams, Gareth. *La influencia del exilio en la trayectoria literaria de Ramón J. Sender* ms. The University of Georgia Main Library, 1987.

Wilson, Edward. *The Theatre Experience*. New York: McGraw-Hill, 1988.

Woodyard, George W. "Comentario preliminar." *Ceremonial de guerra*. Honolulu, HI: Serie Teatro, 1990. 5-8.

———. "*Palabras comunes* de Triana: Ciclos de cambio y repetición." *En busca de una imagen: ensayos críticos sobre José Triana y Griselda Gambaro*. Ottawa: Girol Books, 1989. 175-81.

———. "Perspectives on Cuban Theatre." *Revista Interamericana* 9 (1979-80): 42-49.

———, ed. "José Triana." *9 dramaturgos hispanoamericanos*. Ottawa: Girol Books, 1979. 133-35.

———. "The Theatre of the Absurd in Spanish America." *Comparative Drama* 3 (1969): 183-92.

Zalacaín, Daniel. *Teatro absurdista hispanoamericano*. Chapel Hill: Albatros Hispanófila, 1985.

Índice